Courageous Parents
Becoming a Good Anchor for Your Children

做勇敢的父母

[以] 哈伊姆·奥梅尔 Haim Omer　著

[芬] 李红燕　译

华夏出版社

HUAXIA PUBLISHING HOUSE

目　录

引　言

本书的目的是帮助家长找到勇气和力量，帮助孩子抵御那些有破坏力的影响、冲击和潮流，成为孩子的生命之锚。本书既是我 25 年来在亲子教育领域的工作总结，也是我帮助家长应对当今巨大挑战的尝试。我们正面临人类历史上前所未有的挑战，这是因为今天的家长权威因许多因素而受到削弱，而孩子们正面临着一系列前所未有的诱惑和风险。

孩子们从来没有像今天这样面对过这么多诱惑。在物质极大丰富的社会，有害的潮流、令人上瘾的物质所带来的诱惑和刺激充斥着生活的各个角落。这些诱惑是如此令人欲罢不能，它们通过广告日夜不停地输送给孩子们，不仅通过电视，还通过孩子们须臾不离的智能手机。

就在孩子们面临如此危险的"洪灾"之际，家长的地位却由于社会结构和教育价值观的深刻改变而急剧下降。家长之所以变得软弱，主要是因为他们更孤独了。家庭规模的缩小是一个世界性的现象。如今的家长很少能得到祖父母、兄弟姐妹和邻居的支持。离婚率和单亲家庭的比例也在急剧上升。今天的小家庭越来越多地被隔离在自己的公寓里。有一句著名的谚语说道："养育一个孩子，需要一个村庄的努力。"但是那个村庄已从我们的视线中完全消失了，住宅社区也不再发挥其建设性的作用了。

家长之所以变得软弱，还因为他们曾经拥有的获得权威的手段已经被社会、当今的价值观和教育理念夺走了。这种变化原本是一个积极的过程——毕竟，接受用体罚和武力令孩子屈服的做法并不是一种积极的手段。我们有理由为这样的变化感到自豪。然而，令人质疑的是，家长们是否掌握了新的方法以填补这种改变留下的真空？遗憾的是，我们感觉到的情形刚好相反，不仅没有其他有效措施，家长们还惊讶地发现，当他们试图回到过去的管教方式时，所有的人都在反对他们，这让他们变得更加无力。

除此之外，还有一个难以应对的因素，即互联网的影响。过去，成年人代表着知识和智慧。如今，这一角色已被互联网所取代。孩子们比家长更容易相互联结，也更有时代感。今天，"智慧"的源头实实在在地就在孩子们的手中。有时候，家长会试图没收孩子手中的设备作为惩罚，他们觉得"这是唯一有效的惩罚"。可问题是，这么做并不起作用，也不可持续。

我的全部工作可以用一个形象来代表：家长作为孩子的生命之锚的角色。面对日益增强的**"漂流感"**，家长必须找到一种方法，将自己锚定在"家长的阵地"上，为孩子充当"生命之锚"。做孩子的生命之锚不仅需要为孩子提供安全感，还需要为他们提供强烈和积极的依恋感。这将保证他们有一个可以充当守护者的稳定的家长，而不是被遗弃在大漩涡里无助地"漂流"。"漂流"（drift）和"锚定"（anchor）是本书的主要隐喻。本书的每一个章节都围绕着某个方面描述了这两者之间的相互作用。我的最终目标是帮助家长重新找回"锚"的角色。

重新担起"孩子的生命之锚"这一角色需要一种勇气。但是，当一个人完全陷在软弱和困惑中时，就不可能有这样的勇气。本书不仅是给家长的一个强制令，让他们变得勇敢起来，也是一个详尽的指南，告诉他们可以从哪里找回这种勇气。在与数千个家庭的合作中，我目睹了那些曾经失去了耐心、动摇了信念甚至失去了意愿的家长们是如何重新回到"家长阵地"上的。如果一开始就告知这些家长，他们一定会找回属于他们的勇气去做他们该做的事情，他们就可能只会难以置信地咧嘴一笑。

我还有几句话，想说说我自己和本书背后的故事。我是以色列特拉维夫大学心理科学学院的名誉教授，主持研发了许多有影响力的育儿理念。其中主要有：非暴力抵制 ①（*NVR—None Voilent Resistance*）、新权威主义 ②（*New Authority*）、家长警戒性守护 ③（*Parental vigilant care*）。此外，我还与伊莱·勒博维茨（Eli R. Lebowitz）联合出版了一本为焦虑儿童和青少年 ④ 的家长提供培训的书，并与纳希·阿隆

---

① Omer, H. (2004 / 2021). *Non-Violent Resistance：A New Approach for Violent and Self-Destructive Children*. Cambridge University Press. The book was published in many languages.

② Omer, H., 2011, *The New Authority：Family, School and Community*. Cambridge University Press. The book was published in many languages.

③ Omer, H. (2017). *Parental Vigilant Care：A Guide for Caretakers*. Routledge.

④ Lebowitz, E. R. and Omer, H. (2013). *Treating Childhood and Adolescent Anxiety：A Guide for Caretakers*, Wiley.

（Nahi Alon）一起出版了一本关于促进接纳和减少冲突的书。由于我的方法是面向教师和家长的，所以本书将与另外一本《做勇敢的老师》①配套出版。我与丹·杜尔伯格（Dan Dulberger）最新合著的一本书（《成年儿童》, Non-Emerging Adulthood）探讨的是如何帮助家长应对不学习、不工作或拒绝做事②的"成年子女"的苦恼。除了这些书籍和上百篇科研文献③之外，我还是一个名为"NVR"（非暴力抵制）的全球性运动的创始人和领导者，该运动旨在向家长、教师和所有养育者宣传上述理念。关于 NVR 运动，迄今为止已经举办过六次国际会议（分别在伦敦、安特卫普、慕尼黑、马尔默、特拉维夫和林茨举办）以及数十次全国性或地方性会议，数千人参加了这些会议。英国、美国、荷兰、加拿大、比利时、德国、瑞士、奥地利、意大利、法国和以色列都有全国性的组织或 NVR 协会。与此同时，关于将该方法应用于一些特殊领域的研发也相继出现，包括：多动症、焦虑症、强迫症、游戏上瘾的儿童，患有不平衡糖尿病、危险驾驶、学校暴力倾向（在法国，这种现象被称为"暴君儿童"）的青少年以及功能失调的"成年儿童"（这些人完全依赖父母或养父母，对兄弟姐妹暴力相向，对家长施暴或有青少年犯罪情节）。

---

① 已由华夏出版社出版。

② Dulberger, D. & Omer, H. (2021). Non-Emerging Adulthood. Helping the Parents of Adult Children with Entrenched Dependence. Cambridge University Press.

③ For a fuller bibliography on the approach, see www.haimomer-nvr.com.

第一章

当今家长的挑战

今天的家长非常不容易。为什么呢？因为家长这一角色已经失去了它的清晰定位，家长们比以往更加孤独，他们的权威感也被大大地削弱了。

曾几何时，做家长就是抚养孩子、教给孩子价值观以及基本的生活和工作技能。显然，能够完成这些工作的家长就是一个负责任的好家长。简言之，家长是指导者，孩子们尊重家长并服从家长的指令。无数的规则、习俗和法律确立了家长的崇高地位，并确认了这种关系。每个人都安然接受这些期望背后的假设。家长、教师、宗教、法律、广播和书面媒体也都给予了全力支持。

今天的情况则远非如此清晰。从前的这些假设已经被打上了大大的问号，家长的角色开始变得模糊不清。家长自己以及他们的周遭环境对于家长角色的认定也都不再清晰。

清晰度的丧失使得家长们备感困惑和犹豫。今天的家长受到更多的质疑，有更多进退维谷的困境，也遭受更多内疚的折磨。"我们哪里做错了？"这个问题比以往任何时候都更常出现在家长的脑海中。困惑的家长并没有减少对孩子的爱、奉献和关怀。也许恰恰相反：在这个复杂的世界里，没有经历内心困惑和质疑的家长可能还不会对现代社会的困扰以及孩子所面临的危险保持警觉。尽管如此，家长的困惑感还是会削弱家长的力量，尤其在面对挑战需要采取坚定和果断立场的时候。在这种情况下，困惑的家长往往难以找到一个坚实稳定的育儿立场，从而增加了孩子误入歧途的可能。

是什么导致了家长角色的模糊不清？

家长之所以处于困惑、怀疑和无助的状态，不仅是因为他们的育儿理念模糊不清、缺乏共识，也是因为今天他们面临着前所未有的新的更大的挑战。这些挑战与家庭结构的变化、城市的扩张以及技术的发展均有关系。

家庭结构的变化

家庭结构的变化主要与以下因素有关：

- 离婚率的上升；
- 单亲家庭的增加；
- 来自大家庭的支持的减少。

离婚率的上升

在发达国家里，离婚已经从一种边缘化现象变成了司空见惯的现象。离婚的家长往往得不到更多的支持，更难以在各种角色中相互协调。

单亲家庭的增加

与离婚率上升同时出现的现象是单亲家庭的数量增加，有些还是非常年轻的单亲母亲。[1] 无数研究表明，在这样的家庭中，孩子出现行为问题的风险会上升，而家长处理问题的能力却在下降。生活在一起的双亲往往比单亲家长能更坚定地抵抗破坏性力量的拉动。

大家庭支持的下降

大家庭的改变也破坏了家长的稳定感。过去，核心家庭可以从祖父母、父辈和年长的兄弟姐妹那里得到更多的支持。如今，生儿育女越来越成为家长甚至单亲家长独自承担的责任。孩子们在大家庭中长大的概率变低，甚至在单亲家庭中长大。这也会削弱家长的稳定感。比如，在那些除父母之外还有祖父母参与育儿的家庭中，青少年的犯罪风险也比较低。[2] 祖父母的出现提供了额外的支持和警戒性守护。

城市的扩张

城市的发展和扩张使得养育孩子不再像从前那么安全。大城市的规划缺乏个性的特质，这带来了大量的诱惑，制造了更多让人迷失的机会。今天的孩子不仅被淹没在比从前更具吸引力和多样性的诱惑

---

[1]　Single fathers, especially of a very young age, are a less common phenomenon.

[2]　Omer, H., Satran, S., & Dritter, O. (2017). "Vigilant Care: An Integrative Reformulation Regarding Parental Monitoring". *Psychological Review*, 123, 291–304.

中，也更容易避开"家长的雷达"，淹没在高楼林立的建筑群中。过去，如果孩子不在家长的视线范围内，那些认识孩子的人看到他们的机会比现在要多得多。孩子们感觉到被看见，知道一些问题行为不可能被长期隐藏。大城市里的情况则完全不同：在千篇一律的现代都市掩护下，问题行为会更容易隐藏在家长的视线之外。

大城市的影响也会波及郊区。对很多郊区的青年男女来说，到城市观光是他们最喜欢的消遣方式之一，因为城市不仅提供了更多的可能性，也提供了更多的掩护。因此，城市成为吸引年轻人的巨大磁石。

技术的发展

家长地位受到的另一个挑战是技术的飞速发展。相对于孩子，科技的发展让家长处于劣势。最明显的变化当属计算机、互联网和智能手机的发展。过去的家长认为，自己拥有的常识可以确保他们比孩子更有优势，但是在数字世界，家长们发现，自己无论在知识还是影响力方面都越来越处于劣势。手机的影响让家长感到被急剧地边缘化：

- 因为手机占据了孩子们的耳朵和眼睛。

- 家长们的信息变得苍白，因为手机里播放的信息更让人眼花缭乱。

- 亲子关系的时间被大幅压缩，因为手机占据了孩子越来越多的时间和精力。

在所有威胁家长地位的侵蚀因素中，手机是主要因素。即使当孩子没有真的在看手机，它对孩子的影响也如影随形，他们时刻牵挂着社交媒体上所发生的新鲜事，迫不及待地等待拿到手机的那一刻。没有手机的时间在孩子的心里就是一种生命的浪费。在这种状况下，家长变成了无关紧要的、无趣的、跟不上潮流的代表，在孩子的心目中像是正在灭绝的恐龙。

"无助"的模式

随着诱惑、影响源和逃避机会的增多，家长对孩子的掌控能力和指导能力逐渐受损。家长眼睁睁地看孩子被时代的巨浪卷走，却束手无策。为了从弱势状态中恢复过来，家长必须首先意识到自己是如何被削弱的。下面的段落描述了家长一些主要的弱势表现以及用以帮助家长自我检视的一些问题：

- 试图反复地解释和说服；
- 被尖锐和冲动的回应带偏；
- 放弃自己的空间、时间和目标；
- 被边缘化。

我是否在反复地解释和劝说，但都无济于事？

下面是陷入这种模式的家长的发言：

葛丽塔：对我来说，向孩子解释我为什么要这么做、为什么某个行为是错误的总是非常重要。我相信，如果孩子能理解，情况就会好转。这种做法对我的两个大孩子很有效。即使他们有时候很难理解，但最后还是做到了，事情也变得更好了。但它对我的小女儿却并不管用。从她还在上小学的时候，我就有这种感觉，她没有在听，没有去理解，或者她不想理解，尽管有时候她最后好像还是听进去了。但进入青春期以来，这种方法对她就再也不管用了。她堵住耳朵，冲着我喊"闭嘴！"，或者只是让我明白，我说的每句话在她那里不过是"一只耳朵进，一只耳朵出"。我怎样才能向她解释，实际上她是在伤害自己呢？

山姆：不管我对他说什么，他都会反驳我。他真的很在行，简直天生就是一个小律师。他很小的时候就会对我们说的每一句话提出疑问，不停地问"为什么"，即使是很小的问题也会引出长时间的讨论。老实说，我真的很难忍受跟他的争辩。他会提出各种理由、实证和例子，让我不知道该如何回应。

解释和说服是教育的核心过程，因为对孩子来说家长就是这个世界的主要**调解人**。这个角色给了家长一种权威性——正向积极的或者负面消极的。展现出积极权威感的家长诠释了家长的地位，因此增加了孩子接受自己立场的机会。

相比之下，专制家长不仅不提供解释，还把不解释变成权威的标志。他们唯一的解释是："照我说的去做！"这里的假设是：服从必须是绝对的、盲目的和无条件的，否则就不是真正的服从。现在，这种形式的权威已经失去了合法性，也失去了在亲子教育中的市场。

然而，一味的解释可能会变得徒劳，无休止的讨论可能会变成阻止决策和行动的羁绊。许多孩子很明白这一点，懂得如何将这种讨论无休止地拖下去，因为他们知道，只要家长喋喋不休，就不会采取行动。家长在谈话中越是解释和说教，他们的立场和"在场感"就越是会被淡化。

家长可以通过学习倾听自己的声音来确定自己在多大程度上陷入了喋喋不休的陷阱。

- 你会经常重复吗？
- 你的请求和解释的次数是否在持续加长？
- 你在一遍又一遍地说教吗？
- 你有没有试图用刺耳或强势的语气说话，以便引起孩子的重视？
- 你的孩子有没有看上去很喜欢争论本身，是不是总是试图吸引家长参与争论，或者在试图利用争论来削弱你做家长的地位？

这些都是一些迹象，它表明，作为家长，你的角色正在你滔滔不绝的废话中被削弱，你的权威和"在场感"也正在失去。

我是否被威胁、喊叫和冲动的反应带偏？

许多家长认为，他们必须对孩子的问题行为或挑衅立刻做出强烈的反应，否则就会被视为软弱或丢脸。他们觉得这样的反应是必需的，因为唯有这样，孩子才能收到他们的信息。以下是一些家长的陈述：

- 我必须尽力反击！
- 他以为我会害怕他的威胁吗？我要让他知道害怕是怎么回事！
- 我必须让他没有下次！
- 如果我不回应，他会以为他赢了！

这些陈述表明，家长们陷入了一种错觉，以为自己别无选择，必须对每一次挑衅或问题行为立即做出强烈反应。他们觉得任何其他的反应都证明自己输了这场战斗。这些陈述也反映了一个错误的期待：如果我的反应足够强烈，孩子就会一劳永逸地记住。事实上，这种事情几乎从来没有发生过。几乎无一例外地，喊叫、威胁和愤怒的爆发都只会导致紧张局势的升级，令家长失去影响力。家长不仅没能控制事态发展，还会被卷入漩涡，吞噬掉他们做家长的权威。

在这样的叫喊、责骂和空洞威胁的风暴中，**亲子关系的侵蚀**是显而易见的。例如，在那些有多动症儿童的家庭里，家长们感觉自己像坐上了"旋转木马"，嘴里一天到晚都重复着诸如"住手！""不要！""我早就告诉过你了……""如果你不住手，我就会……"之类的字眼。难怪在一天结束的时候，家长们会感到精疲力竭。处于这种状态的家长通常被称为"喋喋不休的家长"。"喋喋不休的家长"感到自己每天的生活都在疲于应对各种突发状况，像是"按下葫芦起了瓢"，完全失去了掌控感。为了评估这种状况，我们 ① 制作了一份"喋喋不休的家长的问卷"。我们的研究 ② 有两个重大发现：

- 多动症儿童的家长比其他家长更加喋喋不休；

- 通过培训，家长们可以摆脱"旋转木马"的状态，恢复他们对孩子的权威感和影响力。

家长们经常抱怨他们的孩子听不见或忽视他们。那些觉得有必要多次重复或提高嗓门来吸引孩子注意力的家长并不理解人类神经系统中的"习惯性机制"。这种机制会自动让人阻隔持续的噪音。家长不停地重复、责骂、大喊大叫、不断评论孩子行为的声音被孩子的大脑归为"背景噪音"。一旦开启了"习惯性机制"的处理，孩子的神经系统对家长声音的反应就会越来越弱。这是一个很矛盾的现象，家长试图通过重复和增加音量来穿透漠视之墙，反而强化了"习惯性机制"。这些家长有一种感觉：他们喊得越多，孩子听进去的越少。这个直觉确实没错，即使在生理层面也是如此：孩子大脑中接受家长讲话的神经信号变得越来越弱。事实上，正是家长不断的要求、责骂和

---

① I've been helped all along by teams conducting projects and research in various countries. A list and short description of those studies can be found in https：//www.haimomer-nvr.com/publications-and-research.

② Schorr-Sapir, I., Gershy, N., Apter, A., & Omer, H. (2021). "Parent-Training in Non-Violent Resistance for Children with Attention Deficit Hyperactivity Disorder：A Controlled Outcome Study". *European Journal of Child and Adolescent Psychiatry*. doi 10.1007/s00787-021-01723-8.

叫喊弱化了自己的声音。

另外一种情形则发生在那些试图一劳永逸地解决孩子问题的家长身上。一个典型的例子是，父亲对儿子提出"禁足一个月"或"禁止看电视一个月"的惩罚。我们经常看到的状况是，一位家长提出了惩罚的举措，却让另一位家长去执行。难怪这些惩罚很少被实施，反而侵蚀了家长的权威。不仅如此，这种行为有时还会带来更为严重的后果：父亲因为母亲不执行惩罚措施而感到愤怒，母亲则因父亲将负担压在她的身上而感到生气。家长之间的分歧增大又进一步侵蚀了家长的权威。父亲这时候的反应往往是索性完全放弃（"如果他们不照我说的去做，那就等于没有我的参与也可以！"），从而导致父亲在家庭生活和亲子教育中被边缘化。有时，即使严厉的惩罚得以实施，也会带来更大的伤害，尤其是在遇到特别叛逆的孩子时。这些孩子从不妥协，他们觉得妥协就等于毁灭。在他们看来，如果这次低下了头，他们就不复存在了。他们会不惜发动一场"全面战争"，来对抗任何征服他们的企图。如果不得不低头，他们也只是表面上的低头，同时暗自承诺要为这场羞辱寻找复仇的机会。

我是否为我的孩子放弃了自己的空间、休闲和目标?

许多家长陷入这样的境地是出于对孩子的深切关怀。他们意识到自己在个人空间、职业、休闲和亲密关系方面所付出的代价，但是觉得自己别无选择，否则他们的孩子就不会幸福。有时他们对孩子的情感认同是如此之强烈，以至于孩子的痛苦充斥着他们的整个世界。他们不再有独立的感觉，总是根据孩子的情绪状态来感觉一切。

迁就与自我牺牲

通过对以下问题的回答可以深入了解家长是否有过多的自我牺牲。

- 我儿子不能独自睡觉，所以睡在我们的床上。他有严重的分离焦虑。我们不能有二人世界，夫妻俩的假期是不可能的！

- 我的青春期女儿不会让我邀请她讨厌的女朋友来我家里的。

- 我放弃了工作，因为我觉得我的儿子总是需要我！

残疾儿童或患有严重疾病的孩子会将家长置于奉献精神的终极考验之下。毫无疑问，愿意牺牲自己来支持孩子的家长往往会受到深深的尊重。然而，在面对孩子的情绪问题时，家长如果一味地迁就、迎合以缓解孩子的痛苦、压力或焦虑，结果可能会适得其反。孩子们的焦虑非但没有减少，反而变得更甚，自理能力变得更弱。家长不再是稳定孩子情绪、克服问题的有力支持者，反而失去了引导能力，成为孩子回避问题和功能失调的借口。

越来越多的研究证实，家长的不断迁就会对孩子的独立能力造成损害。[1]"家长的迁就（Parental accommodation）"指的是家长改变方

---

[1] Shimshoni, Y., Shrinivasa, B., Cherian, A. V., & Lebowitz, E. R. (2019). "Family Accommodation in Psychopathology：A Synthesized Review". *Indian Journal of Psychiatry, 61*(Suppl 1), 93-103.

式、变得柔顺以使他们的孩子少受些苦痛或者获得一点"和平与安宁"的过程。至于焦虑症，无论是社交焦虑、分离焦虑、特定恐惧症、强迫症（OCD）或创伤后应激障碍（PTSD），家长对孩子的要求或期望的迁就都已被证实会导致问题的恶化。同时，迁就也是治疗成败的决定性因素，无论是心理治疗还是药物治疗。因此，当家长表现出对孩子的高度迁就时，治疗成功的概率会显著下降，即使是药物治疗，也是如此！相比之下，对家长进行系统性的训练以减少其迁就，可以改善孩子的焦虑水平和功能。

家长权威的被侵蚀和家长的迁就所造成的后果会贯穿孩子的一生。孩子有时候会有一些自己不想付出努力的期待和要求，如果家长一味地屈从，则会增加他们在青少年时期乃至成人之后（变成"成年儿童"）形成根深蒂固的依赖父母的风险。这种"依赖综合征"的特点是拒绝上学和工作，有时还会形成社交退缩乃至长期与世隔绝的状况。这时，家长会被孩子的机能障碍和痛苦的表象冲昏头脑，不加分辨地庇护孩子抵抗外部世界的要求。这种做法为"成年儿童"提供了一个"退化庇护所"。家长为孩子提供的"保护伞"帮助孩子抵御压力，同时也使得他们的各项功能障碍得以持续和进一步退化。我们设计的项目旨在帮助家长减少对孩子的迁就，并使家长在孩子出现严重依赖的情况下重新赢得影响力并掌握主动权，大大提升家长的能力以抵御孩子的要求，更好地帮助孩子长大，成为有用之人。①

① Dulberger, D. & Omer, H. (ibid).

个人空间和边界

以下问题是关于个人空间和边界感的审视，有助于家长了解自己的所作所为在何种程度上给了孩子积极的支持，还是无意中给了孩子有害的保护。

- 我的时间是否因为孩子的焦虑或困难而不再属于我自己，而变成了孩子的时间？（例如，打断我的工作或休闲活动。）

- 我的个人空间是否因孩子的困难而受到挤压？（例如，孩子睡在家长的床上，或者可以不受限制地使用家长的个人空间或物品。）

- 我是否感到不知所措，感觉需要立即做出回应，以防止或立即停止孩子的痛苦？

- 孩子的焦虑、困难或要求是否决定了家庭的日常生活和作息？（例如，我是否会代替孩子做越来越多的事？或者，家庭里是否养成了某种特殊习惯来迎合孩子的需求或缓解他们的痛苦？）

- 我是否有能力防止孩子在我谈话或我的个人活动中打断我？

- 我有权利提出自己的愿望和计划吗？我能够实现那些愿望和计划吗？

因为孩子的痛苦、期望和要求，许多家长在不经意间逐渐失去了自己的位置、发声权和意愿，从而失去了自我。这种失去有时是自愿牺牲的，有时是被迫。有时候孩子会用激烈的反应威胁家长去配合；也有一些时候，是家长自己无法忍受孩子的痛苦和紧张，他们觉得不得不屈服于孩子的要求。所有这些情况，结果都是一样的：家长失去了自我和影响力，而孩子失去了自尊和应对能力。

我是否被边缘化了，对孩子的了解越来越少了？

萨曼莎：我不知道我女儿的朋友是谁。他们来访的时候，她故意不让我跟他们沟通。

理查德：当我问他要去哪里时，他只是给出一个含糊的回答，比如"和朋友出去"，不会详细说明。以前有过这样的情况，他说要去某个朋友家，但结果他并不在那儿。

劳拉：我儿子上网时，会把门锁上。他最好的朋友是手机！

罗伯特：我对我孩子的世界感到陌生！

玛莎：当我想知道一些事情时，更喜欢在她背后暗中窥探。这样我就可以在没有冲突的情况下发现问题。

科技的影响

很多家长觉得他们的孩子好像活在一个对于他们来说越来越陌生和封闭的世界里。这种被边缘化的感觉随着科学技术的高速发展和变化而变得尤为明显。今天孩子的成长环境与他们父辈当年的环境完全不同。手机、社交网络和在线网络游戏创造了一个几乎无法渗透的替代现实。当孩子沉迷在虚拟世界里的时候，即使是跟他做个简单的交谈或眼神交流都变得很困难。家长跟孩子互相关心的时间正在减少。关于数字世界对儿童发展的影响人们已经谈论很多了，但孩子迷失在手机中这一事实对于父母也同样有着巨大的影响，家长从孩子很小的时候就被"训练"成孩子生活中的边缘角色。他们学会站到一边，允许自己被排除在孩子参与的任何有意义的对话之外。结果是，孩子认为家长的出现是令人讨厌的。许多家长试图随波逐流，却没有意识到他们正在允许这种对家长角色的严重限制。如果他们真的敢对手机做些什么，那就是当孩子行为不端时，威胁要拿走孩子的手机以作为惩罚。这种威胁会使争斗升级，并进一步削弱他们作为家长的影响力。如何在家庭中处理手机使用一事，变成了每一位家长的一大挑战。

隐私权的地位

另一个将家长推向边缘的变化是隐私权的不可侵犯。如今，隐私权已不仅仅是所有价值中的一个重要价值，而且是在任何情况下都不容置疑的最高价值。我们把这种一刀切的、不容置疑的立场称为"隐私本能"。如今的青少年会带着义愤填膺的心情指责家长侵犯了他们的隐私权，即使他们利用隐私权做了对自己显然有害的事。这种大声抗议能够奏效主要是以下几个原因：

- 当孩子挥舞着保护隐私的旗帜时，充满了正义感；
- 家长畏惧对侵犯隐私的指控；
- 今天的社会环境强化了隐私权，经常指责家长对隐私权的侵犯。

随着隐私权领域的扩大，家长的影响力等比例地缩小了。生活中被视为私人的、家长禁区的领域逐渐扩大，包括孩子的房间、物品、金钱、朋友、休闲活动，当然还有手机。

家长被要求珍视孩子的隐私和自行决定权，将此视作不可侵犯的价值观，即使在一些孩子明显处于危险之中的情形下也要如此。如此的坚守可能会加深他们在督导子女方面的无助感，并使他们在子女生活中更加被边缘化。在谨慎和尊重隐私的名义下，家长被置于一种被孤立和不被支持的境地。当孩子对隐私的要求满足了家长对自行决定权的无条件尊重时，家长的影响力就会荡然无存，这是一个导致家长职能完全瘫痪的致命等式：

孩子对绝对隐私的要求 + 家长对自行决定权的绝对尊重 = 家长的零影响

有时，家长会试图通过秘密监视的方式来规避隐私的陷阱。偷窥让家长获得了一种控制的幻觉，实际上却加深了他们的无助感，并因为撒谎而玷污了他们与孩子之间的关系。无助感的增加是因为家长不能根据他们在孩子背后偷偷收集到的信息而采取行动，除非这种行动也是秘密进行的。有时，当家长试图采取一些行动时，他们会发现，因为方法不合法，他们的处理方案变得复杂而危险。例如，我们遇到过一个极端的案例，一位父亲发现了女儿和男友在家里吸食大麻。为了不暴露搜查过女儿房间这一事实，他找到一位警察朋友合作。这位朋友找到他的女儿，私下告诉她，警察禁毒部门正在跟踪她和她的男朋友。女孩答应不再吸了，但让这位警察发誓不告诉她的父亲。朋友同意了这一请求。这个问题貌似解决了，却让朋友与这个女孩建立了虚假的联系，表面上看是为了向父亲隐瞒某个事实——他自己已经发现了的事实，实际上削弱了父亲的影响力。

断开的程度

如果家长想知道自己在多大程度上被边缘化和被断开，以及在多大程度上被困在无助的气泡里，可以回答以下若干问题：

- 我会因为孩子过度沉迷电脑或手机而难以联系到他吗？
- 我知道孩子的朋友是谁、他们的休闲活动都是什么吗？
- 我知道孩子们在学校过得怎么样吗？
- 我能得到我所问问题的答案吗？
- 当我的孩子认为我侵犯了他们的隐私时，他们会大发雷霆吗？
- 如果我发现我的孩子正在做一些可能会使他陷入麻烦的事，我是否害怕对他进行公开的检查？
- 我是否会试图隐瞒我感兴趣的理由，并试图获取信息而不让他们察觉？
- 我是否觉得我已在孩子们的生活中成了边缘人？

这些问题可以帮助家长评估自己的"在场感"是否受到了某种程度的影响。家长警戒的削弱是一个具有破坏性的过程，因为**家长的警戒性守护**是防止孩子做危险事情的主要方式。缺乏警戒、各种诱惑的激增以及现代大都市的千篇一律共同创造了一种环境，孩子们在这样的环境下面临着更大的危险，而家长却被拒之门外，这是一种不利于孩子健康成长的环境。

有锚定的家长

应对漂流、边缘化和丧失影响力的最好的解决方案是做有定力的家长，成为孩子们的生命之锚。"锚"，能够稳固船只，把大船牢牢地拴在大地上。家长要想成为孩子们的生命之锚，就必须牢牢地守护在"家长的阵地"上。锚定孩子，始于家长的自我锚定。如果家长不能把自己稳固在家长的角色上，不仅自己无法抗拒漂流，还会被裹挟孩子的巨浪冲走。家长的自我锚定来自四大支柱：在场感、自控力、支持者和秩序感。

在　场　感

成为锚的家长有强大的"在场感"，他们对孩子的影响是不可被忽略或者被拿掉的。当家长向孩子们传递出的信息是："我是你的家长！你不能解雇我、摆脱我，也不能让我闭嘴！我在这里，我就在这里！"孩子们就会体验到家长的存在。当家长用实际行为传递出他们的在场感时，孩子们会觉得他们是有父母亲的，他们的父母亲不仅仅是金钱和服务的提供者。家长自己也能感到自己存在于孩子们的生命中，他们有发言权、有影响力，能够影响自己的孩子。家长坚定的在场感给家庭奠定了稳定的基础。这样的在场感不是靠愤怒或专横的爆发来获得的，而是通过始终如一的坚定来赢得的。在场感的表达与冲动的爆发相反，"我在这里，我就在这里！"的信息让"家长之锚"深深锚定在孩子的心里，即使孩子们并没有意识到，即使他们跟朋友们在一起或在社交网络上，家长也会出现在他们的脑海里。

艾迪，13岁，是一个早熟而独立的女孩。她与再婚的父亲莫里和继母住在一起。艾迪与父亲和继母的关系时好时坏，常在亲密期和冷漠／敌意期之间摆动。糟糕的时候，她会离家几个小时，甚至会在朋友家里住上几天不回家。莫里觉得艾迪不仅独立，而且很有责任感，所以会尽量避免对艾迪做出一些硬性规定，比如什么时候或者什么状况下可以住到朋友家，可以在别人家待多久等，尤其是艾迪在离家几天后再回到家里时的态度通常都比较友善。

当莫里发现艾迪有辍学的现象并开始回避他的问题时，他感到情况发生了变化。问急了的时候，艾迪就威胁要搬到母亲那里去住。尽管这个威胁并不太可能实现，因为法庭已经将艾迪的监护权判给了父亲，但还是动摇了莫里的信心。在与学校顾问的交谈中，莫里说，他一直避免用权威的态度对待艾迪，以保持关系的和谐，并防止他们关系的恶化。莫里承认，艾迪威胁要搬去跟母亲一起住动摇了他的信心。顾问告诉他："我认为艾迪一直试图让你处于被'解雇'的威胁下。她让你觉得，你是一个在试用期的家长，但这样只会让她自己的漂泊感更强。实际上，艾迪是不可能解雇你的！"

顾问的话点中了要害。谈话还没结束，莫里就找到了作为家长的位置和力量。

第二天，莫里联系了艾迪的一些朋友的母亲，恳请她们的配合。他请她们在艾迪每次到访的时候通知他。莫里也跟艾迪班主任老师达成了共识，如果艾迪逃课，老师会立即通知他。

之后，莫里跟艾迪坐下来做了一个交谈："过去的几个月里，我发现你在向不好的方向变化。起初，我并没有做出反应，因为我觉得，如果我给你一点空间和自由，你就会慢慢地恢复理智。现在我明白，这个状况对你、对我都不好。因为你一直在逃学、在玩失踪，我决定开始密切关注你。我会与你朋友的家长保持联系，也会每天跟学校保持联系。如果你逃课，我就会去找你。如果你在朋友家过夜，我会联系她的家长。必要的话，我可能会去那里找你。我是你的父亲，无论遇到什么困难，我都是你的父亲。你对我来说非常重要，我是不会放弃你的！"

莫里觉得，他跟学校的每一次联系和每一次到访都传递了"家长在场"的信息："我在这里！我在这里！我就在这里！"没有咄咄逼人，没有威胁，也没有用威权的口吻说话。相反，他所做的只是出于爱和奉献。艾迪什么也没有说，但她的行为在一周之内稳定了下来。父亲的坚定立场使得她不再活得像一片落叶，轻易地被一阵阵突来的异风吹走。

自 控 力

培养自控力让家长能够承受日常挑战和一些非同寻常的状况。与"自控力是一种与生俱来的个人特质"的观点相反，许多研究证明，自控力是一种可以培养的技能。家长可以培养这种自控力，克服冲动反应，采取他们从未有过的更坚定的立场。事实证明，"自我控制的肌肉"可以像其他肌肉一样被训练和强化。在我们的家长培训项目中，我们创造了三个短句来说明自我控制的原则：

- 打铁要……趁冷！

- 你不需要胜利，只要坚持！

- 犯错是不可避免的，但是可以纠正的！

当家长理解了这些原则并开始实践之时，他们发现，以前那些激烈爆发的情景是可以管理的。

丽塔会花很多时间和儿子汤姆（8岁）单独相处，部分的原因是孩子的父亲是一名高科技专家，工作时间长，还经常出差。丽塔和三个大一点儿的孩子很好地处理了这种状况，但汤姆严重地挑战了她的极限。汤姆非常黏人，是个高需求的孩子。当他要求丽塔给他买什么东西的时候，会用一声高过一声的尖叫声重复他的要求。如果他的要求没有被满足，就会开始撒泼打滚。

丽塔感到精疲力竭。有时她不得不向汤姆屈服，只是为了换得片刻的安宁。她说，汤姆的声音穿透了她的耳膜，像钻头一样钻进了她的脑袋。她开始患偏头痛，对噪音变得更加敏感和难以忍受。汤姆的每一次哭喊和要求都对她构成了严峻的挑战。她一听到汤姆发出新要求的特殊语调就开始退缩。

丽塔与一位朋友分享了自己的情况。这位朋友家里也有两个多动症孩子，曾经在我们这里接受了家长项目的辅导。她为丽塔提供了一个简单而令人惊讶的方法，扩展了她的心理空间感，提高了面对汤姆不依不饶提出各种要求时的控制感。这位朋友的建议是，将延迟行动原则（"趁冷打铁"）与切实的自卫手段（实际上是保护她的耳膜）相结合。

谈话结束后，丽塔告诉汤姆，以后他再想要妈妈给他买东西时，她都会在第二天答复他。她让汤姆看到，她正在把他的请求写在一个特别的本子上，并记下了请求的日期和时间。当然，汤姆并没有在母亲宣布新决定后立刻改变自己的行为。他开始了新的行动，跟在妈妈身后不依不饶地磨叽。这时，丽塔就会拿出她的第二个道具。她戴上耳塞，对汤姆说："我戴上耳塞是因为，我听到你的喊叫时就不会生气了！我还是能听到你的声音，但是感觉声音变得更柔和了，然后我就不会生气了！"为了让汤姆知道耳塞降低了声音的音量，但仍然能听到别人的声音，她把耳塞放在汤姆的耳朵里试着和他说话，让他理解到耳塞的作用。她还练习做出平静、几乎无动于衷的面部表情，仿佛被催眠了一样。

采取这些措施后，汤姆并没有变成一个安静的孩子，但丽塔觉得她自己有更好的自控能力了。她不再向汤姆屈服，也停止了愤怒的爆发。汤姆叽叽歪歪的要求降到了更合理的水平。与此同时，丽塔觉得她不仅重新获得了作为母亲的地位，而且还保护了自己的耳膜。

支　持　者

一个小小的锚可以稳固一艘大船，得益于它的尖钩。同样，一个知道如何与亲朋好友分享并能获得支持的家长可以成为孩子生命中坚定的锚，而这样的能力靠家长自己的单打独斗几乎是不可能获得的。

对许多家长来说，与家人、朋友或学校齐心协力采取一致的行动并不是一件容易的事。对隐私的顾及以及"不能麻烦别人"的信念使得他们很难跨出寻求支持这一步。然而，克服了这一障碍的家长们发现，支持者的帮助给了他们合法性、影响力和稳定感，让他们拥有了"宽大的肩膀"。

许多家长认为，他们的生活中没有真正意义上的支持者，只能单打独斗。但他们没有意识到，是他们自己在心里自动地排除了一些相关的支持选项，比如："孩子的祖母病了，所以我不能打扰她。""每个人都有要紧的事，他们哪里有时间帮助我们。""我们没有支持者，我们家的亲戚都住得很远。""这件事太丢脸了，我实在张不开口啊！"这一类限制性信念将家长封闭在个人的大气泡里，令家长无法伸出求助之手。但是，"支持肌肉"是可以通过训练来强化的。下面的例子向我们显示，使用正确的求助方式，可以极大地提升家长的自我稳定感，强化"家长之锚"。

雨果（14岁）动手打了妹妹雪莉（11岁），并且在朋友面前羞辱了她。他们的妈妈听到喊声，走进房间，命令雨果出去，并告诉雨果，她需要想一想该怎么处理这件事。以前，妈妈总是忍不住大喊大叫，又是威胁，又是惩罚，但是一点儿用都没有。雨果还是会继续骚扰妹妹，而妈妈则会再度失控。

这一次，妈妈决定采取不一样的做法。事情发生几个小时之后，雨果接到了住在海外的外祖父打来的电话。外祖父在电话里跟雨果说："你知道的，你对我来说非常宝贝，我非常爱你。但是今天你对妹妹的所作所为很不好，你必须停止这样的行为。如果你因为什么事生气了，可以立刻给我打电话，我们可以一起想办法冷静下来，解决问题。但是，像你今天那样打人、吐口水和侮辱妹妹的行为是绝对错误的。这件事我绝不会坐视不管。我相信你也知道，你的妹妹跟你一样，都是我挚爱的外孙。"

雨果问外祖父，是不是母亲告诉他的。外祖父说："当然是她告诉我的！我以前就知道有问题，从现在起，我每次电话都会过问这件事！"同一天晚些时候，雨果还收到了姨妈的电子邮件，姨妈也住在很远的地方。她在邮件里向雨果表达了跟外祖父类似的想法。雨果找到妈妈，惊讶地问："你让全世界都知道我和雪莉之间发生了什么事吗？"

妈妈说："如果你再侮辱或殴打她，全世界都会知道！"

在接下来的几周里，雨果的外祖父又和他谈了好几次，每次都大大地肯定了他的自制力。

***

奥齐（12岁）是一个躁动不安的孩子，很容易被朋友拉去干坏事。他和两个朋友试图在学校的垃圾桶里用卫生纸卷点火的时候被抓住，并因此被罚停课三天。

处罚结束的时候，校长逐一面见了每个人和他们的家长。校长说，要彻底解决这件事还需要一个环节，即孩子们必须找到一种方式来做出补偿，帮助他们恢复在学校的声誉，重新赢得作为学生的权利和责任。校长解释道："我们这个社会有一个原则，'谁破坏，谁就必须修复'。我们需要你们表现出善意来修复被你们破坏了的与学校的关系。你们不必马上给出承诺。我会等待你们三天后的联合提案。"他问大家是否还有什么问题，然后结束了会议。

在回家的路上，奥齐开始跟家长谈论可能采取什么行动去修复他在学校的名声。可是，在与朋友交谈之后，奥齐改变了主意，并表达了他的愤怒和不满。他说，据他了解，任何接受过惩罚的人都应当算是赎过罪的，因为惩罚已经抵消了他的错误行为。他声称校长的做法只是想羞辱他们。很显然，奥齐在重复他朋友的话。

奥齐的父母认为，这是一个帮助奥齐停止和这些人在一起的机会。他们告诉他，他们会考虑他的话，但这一次必须向学校做出补偿，因为他们已经答应过校长了。

第二天，奥齐在家里意外地看到表哥戴夫来访了。戴夫是奥齐很钦佩的一个人，部分原因是戴夫作为一名职业足球运动员，在22岁的时候就拥有了很好的生活，并且已经赢得了两次冠军。戴夫告诉他："我听说了点火、停学和校长要求补偿的事。我非常理解你的愤怒，因为他们让你停课的时候根本没有跟你提到补偿的事。我想帮你摆脱这个困境。我知道你的爸妈已经决定要遵守补偿的要求了，我也很理解他们，因为这样做能够重新为你们的家庭赢得尊重。问题是，怎么做才能既让你感到有尊严，又不会因为妥协而有受辱的感觉呢？"

两人仔细思量了一阵子，戴夫想出了一个主意，让奥齐觉得还挺有面子的：每个孩子的家长向学校捐赠一个足球，而每个孩子都拿出自己一部分的零花钱参与捐赠。另外，他们可以在戴夫的帮助下，组织一次特别的体育活动，让两个七年级的班级进行一场足球比赛。

戴夫先和奥齐的父母谈了这个想法，又和另外两个孩子的家长做了沟通。奥齐的两个朋友也很熟悉戴夫的名字。戴夫告诉他们："如果你们能这么做，会让你们很体面地从麻烦中解脱出来。每个人都会尊重你们！我可以来做两个班级比赛的裁判。"

在比赛的开幕式上，校长向所有参与者宣称，他非常感谢三个孩子及其家庭改正错误的努力，以及为整个学校社区做出的贡献。大家一起为他们欢呼鼓掌。

规则、常规和秩序

在一个缺乏规则、没有常规或者明确责任分工的家庭中，阻止亲子关系恶化是非常困难的。家长和孩子找不到什么可以遵从的东西。当家里的一切习惯于模糊和随意时，你该如何开始创建秩序和规矩呢？许多跟随我们项目的家长惊讶地发现，创建秩序是一个过程，当你创建了一个清晰的核心让它成长的时候，它就会扩充和延展开来。就像结晶体在液体溶液中的形成过程，有时，只需引入一个初始结晶元素，液态物质就开始自我排列、附着并形成结晶体。有时，启动整个过程的第一步只是家长为一个不可接受的行为画一条红线。由家长决定并宣布，他们将开始坚决抵制某个不可接受的行为。随后，坚决采取行动执行第一个"不"，即"家庭宪法"规定的"不"。逐渐地，家长可以带动一家人活得越来越有规则，比如："在我们家里，大家要坐下来一起吃饭！""在我们家里，所有的屏幕到了晚上11点都要关上！"

多年来，利维一家在养育孩子方面一直信奉尊重孩子的天性和自由发展的信念。父母亲相信，每个孩子出生时都有一个独特的自我核心，只有在自由成长的条件下，没有约束或要求，这个核心才能得到最佳发展。家里的气氛一直和谐而积极。

困扰出现在第三个孩子罗恩身上。罗恩从很小的时候就表现出与家人隔绝的倾向，他所有的空闲时间都待在自己的房间里。他的父母一直都很尊重他的倾向和独立性。即使他们痛苦地注意到罗恩更喜欢独处，不参加家庭聚会，也仍然坚持忠于自己的原则，让罗恩按照自己的心意行事。罗恩也更喜欢一个人在电视机前吃饭，参加家庭用餐的时间越来越少。进入青春期后，罗恩开始把食物带到自己的房间独自进餐。此外，他开始上学迟到，有时甚至会一整天待在家里。他的学习成绩在下降，早上起床上学变得无比困难。他的母亲每天早上负责帮助孩子们做好准备，并送他们离开。面对这一状况，她感到不知所措，开始对他们大喊大叫。渐渐地，所谓的自由开始看起来更像是无政府状态。

收到学校对罗恩迟到和旷课的一再投诉之后，罗恩的父母亲决定采取行动。在学校心理医生的指导下，他们向孩子们发表了一个联合声明。他们把三个孩子召集在客厅里，通知他们："我们决定改变家规。从现在起，谁也不可以在自己的房间里或电视机前吃饭。我们将坚决反对这些习惯。我们要一起在餐桌上吃早餐和晚餐。为了确保早上每个人都能按时出门，早餐将在 7:15 前准备好，放在餐桌上！"

做出这个决定的时候，家长自己都很惊讶。起初，这样的话听起来甚至不像是他们自己的声音。孩子们对此也持怀疑态度。睡觉前，家长和罗恩一起坐下来，共同为第二天上学准备好他的书包和衣服。第二天早上，他们提前半个小时起床做好早餐，再去叫醒孩子们。父亲的参与让罗恩能够顺利换好衣服，洗漱完毕后按时来到餐桌旁。很久以来，这是一家人第一次在一起用早餐。一起用早餐和外出上学成为建立新秩序的核心活动，然后逐渐扩展到生活的其他方面。家长们感到了力量，他们在接下来的几天里严格执行禁止在卧室或电视机前吃饭的规定。罗恩的孤独倾向并没有消失，但他不再独自关在房间里吃饭，也不再缺席家庭用餐，逃学的行为也随之停止了。罗恩的父母仍然给他们的孩子很多自由，但是会确保个人空间不以牺牲家庭生活为代价。参加家庭聚餐与尊重自由天性同样神圣。

爱与家长的锚定

布鲁诺·贝特尔海姆（Bruno Bettelheim）曾写过一本著名的亲子教育的书籍，名为《只有爱是不够的》（*Love Is Not Enough*）。我们都知道，爱是情感培育和身体发育的要素。慈爱的家长就像一个安全的港湾：让孩子感觉自己总能在家长的怀抱中找到解脱、鼓励和安慰。慈爱的家长为他们的孩子提供了情感上的安全感，使孩子能够开始探索周围的世界、玩耍、学习和发展他们的独立性。这些是安全依恋的基本条件，即情感安全给了成长中的孩子一种自我价值感和依恋他人的能力。

对于孩子来说，要培养安全的依恋，仅有爱是不够的。家长不仅要有爱心，还要有足够的定力来稳定孩子，保护他们免受环境和内在冲动的伤害。一个安全的港湾不只限于拥抱、接纳和鼓励的态度，船只若想在港湾里获得真正的安全，还需要抛下锚。家长的锚能稳固并保护成长中的孩子不被湍急的水流冲走，不被海妖的歌声诱惑，也不被来自内心的汹涌冲动所伤害。没有锚，就没有安全的依恋。家长之锚是加在爱之上的必要的和稳固的力量元素。

孩子是如此脆弱的生物，因此，对于孩子的成长来说，爱与力量的结合在生物学意义上是至关重要的。在整个婴儿期和孩童期，孩子只有依附于一个强大的成年人才能够生存下来。这个强大的成年人需要保护他们，并能帮助他们成功应对生活中的各种挑战。从这一洞见中我们得出的一个重要结论是，如果家长不够强大，无法提供稳定感和保护感，他所给予的爱就会贬值，因为孩子感受不到被保护，感受不到安全感。因此，软弱家长的爱有时会变成被鄙视的爱。下面的例子残酷地说明了这个过程。

亚历克斯（15 岁）曾经是母亲的宠儿。他和母亲之间特殊的亲密关系表现在诸多方面。他的母亲会亲吻他，拥抱他，爱抚他，让亚历克斯觉得自己很特别，很可爱。他甚至用一种属于他们之间独有的语言与母亲交谈。他的母亲有浓重的波兰口音，讲英语时会出很多的错误。亚历克斯跟母亲说话时，会很自然地模仿她的口音和错误。他的模仿不是在嘲笑她，而是出于爱，是为了和母亲建立一种特殊的亲密关系。

但是当亚历克斯进入青春期后，他开始公然拒绝母亲。他不再用那种特殊的方式与母亲交谈，还刻意地与她保持距离，并且成心做出与母亲愿望相反的选择，拒绝跟母亲的一切身体接触，不管多么微不足道。他甚至会侮辱母亲，并不时地嘲笑她。

母亲因为儿子的拒绝而感到非常痛苦。她哭着，乞求着，陷入了深深的沮丧之中。她的严重状态不仅没有让儿子跟她变得亲近，反而加深了儿子对她的厌恶。有一次，她哭着向儿子表达自己被背叛了的感受，说："你曾经是一个那么有爱的孩子！现在我感觉自己像个垃圾桶！当我想亲吻你的时候，我觉得我让你感到讨厌！"

亚历克斯残忍而坦率地回答："谁想被垃圾桶亲吻？"

每个人都明白，适合小男孩的亲昵方式不适合青少年。然而，我们有时也能在低龄的孩子那里看到类似的拒绝和嘲笑父母之爱的例子。家长们惊讶地问："你在哪儿学的？在我们家里不可以这样！"答案并不难找到：孩子在学习和模仿那些他见过的强人的言语和行为方式。通过这种模仿，孩子向家长传达的信息是："我不想属于弱者！"在这些情况下，家长所要做的不是怎样向孩子展示更多的爱，而是如何更坚定地保护自己和孩子不受破坏性冲动和各种社会问题所影响。在这里，孩子需要的不是被温柔地接纳和拥抱，而是要感受到家长之锚的力量和坚定。

结　　论

如今的家长所面临的挑战与以往大不相同，其原因与社会结构的变化以及育儿的价值观和信念的变化有关。最突出的社会变化是大家庭的削弱、离婚率和单亲率的攀高、充满无穷诱惑的城市发展，以及手机和互联网的增长带给孩子们的前所未有的影响。与此同时，家长定位的不清晰已经由来已久。过去的家长必须照顾孩子的身体需要，并给他们提供基本的是非观，如今的家长的职责变得更加模糊。其结果是造就了一代"困惑的家长"，面对亲子关系的削弱，他们常常感到沮丧和无能为力。

小　贴　士

- 问问自己，你是否有喋喋不休、说教和过度解释的倾向。

- 问问自己，你是否被卷入了与孩子毫无意义的对抗中。

- 问问自己，你的个人空间、闲暇时间和亲密关系是否因为孩子的焦虑或困难而受到影响。

- 问问自己，你是否越来越不了解孩子可能在哪里遇到了怎样的麻烦。

- 问问自己，智能手机和电脑是否已经占据了孩子的生活，让你的角色变得边缘化了。

- 应对这些挑战的最佳答案是"家长之锚"的功能。成为孩子生命之锚的家长能够稳固孩子不受漂流的影响，给他们提供安全感和归属感。

- 锚的功能来自坚定的"在场感"。要学会用实际行动传递你的信息："我是你的家长！你不能解雇我、摆脱我或让我闭嘴！我就在这里！"

- 锚的作用来自自我控制。家长要学会从冲突和升级中跳脱出来。

- 锚的作用来自环境的支持。家长要让自己的肩膀变得更宽，使用"我们"与孩子说话。

- 锚的作用来自稳定的规则，这些规则为孩子和家庭的生活提供了清晰的秩序感。

第二章

自 控 力

我们的研究证明，提升家长的自控能力可以在提高家长地位和改善孩子问题方面发挥关键作用。[1] 在本章中，我们将介绍一套可以立刻上手使用的课程和步骤，帮助家长用于克制自己的冲动反应，培养判断力、耐心和锲而不舍。你们会看到，这些改变是如何让家长变得有力量、有稳定感和影响力，从而有效转化家长和孩子之间的关系的。

我无法控制你，我只能控制自己！

领悟到这一点是改善家长与所有年龄段的子女关系的关键之一。孩子年幼的时候，看到他们有危险的行为或破坏性的动作时家长必须出手阻拦；但是随着孩子渐渐长大，这样的出手干预就会变得困难起来。事实上，即使在孩子很小的时候，家长也很难做到真正的控制。家长们会很快发现，他们根本无法控制孩子的想法和感觉。渐渐地，他们意识到控制孩子的行为也非易事。例如，家长会发现，孩子常常去做一些他们不想让他做的事，"只是为了激怒他们"。这种反应表明了孩子们自主意志的发展和对胁迫的自然厌恶。那些试图压制孩子的抗议并强迫他们按照自己的愿望行事的家长发现，一旦远离了家长的

---

[1] https://www.haimomer-nvr.com/publications-and-research.

监管视线，孩子的行为就不再如家长所愿。随着年龄的增长，这种倾向越来越强烈，尤其是当家长试图控制青少年的时候，往往会导致与预期相反的结果。

幸运的是，除了控制孩子，还有一个很好的选择：以身作则，合理解释，加上坚定立场。坚定立场和试图控制是不一样的。当家长表现出坚定的姿态时，他们是在练习控制自己，而不是控制孩子。家长没有对孩子说"你要按我说的去做！"，而是"我要按我自己说的去做！"。

坚定的道德基础来自家长的责任感。不幸的是，今天的许多家长都失去了用清晰而坚定的声音说出"这是我的职责"的能力。"这是我的职责！"这句话让许多家长感到刺耳。责任已经变成了一个不受欢迎的、沉闷的、微不足道的词，像是一位古板女教师刺耳的声音。许多家长更喜欢说服、奖励甚至诱惑的方式。但是当孩子不为所动时，你该怎么办？或者当努力说服变成了双方无休止的讨论时，该怎么办？为了阻止这些态势，家长需要采取明确的立场，而不被质疑、诡计或抗议所动摇。这样的坚定立场背后是家长的责任感，是家长对孩子的关心。就像数学中需要那些毋庸置疑的公理一样，育儿也是如此。"家长的责任"就是建立健康稳定的亲子关系的"公理"。那些责任感模糊或对履行职责犹豫不决的家长会妨碍孩子感受到这种稳定感。当这种情况发生时，家族之船就会像没有锚定的船只一样摇摆不定。

家长对孩子说"这是我的职责！"与"你要照我说的做！"相

比，会引发完全不一样的互动。因为孩子总是会自然地寻求自主权，"你要照我说的做！"与孩子的内在驱动力相冲突。许多孩子的反应就好像他们对命令和警告天生过敏一样。难怪一些家长觉得他们的孩子就是喜欢跟他们唱反调！确实如此，孩子们喜欢发现自己身上有一种家长无法令他们屈服的独立意志。

从很小的时候起，那些抗拒家长意愿的孩子就表现出三种典型的反应：

- 放肆无礼；

- 冷漠；

- 内心的愤怒。

放肆无礼是一种公然的反抗，表达的是对家长意愿的蔑视和拒绝。例如，孩子可能会对家长尖声高叫，或耸耸肩，表现出明显的不在乎。

冷漠是一种更老练的抗拒表现，仿佛家长的话不会在他们身上留下任何痕迹。例如，孩子对家长的要求置若罔闻，不置一词，也许只是翻翻眼球，给你一种无声的嘲弄。

最糟糕的反应是，孩子把怒火憋在心里，噘着嘴，梗起脖子。这些身体的反应在告诉我们，他们内心的怒火正在升起，并且将以某种方式做出反抗，他们正下定决心寻机报复家长试图强加于他们的行为。当你向孩子发出的信息是"你必须照我说的去做"时，就等于只给了他们两个选择：顺从或者反抗。那些拒绝服从的孩子必然会被推向另一个选择。而当家长发出的信息是"照顾你是我的职责"时，情况就大不相同了。这样的信息为孩子提供了一个跟"顺从"完全不同的积极选择。

莫伊拉是丽兹（13岁）的母亲，她每天都要为家庭作业的事跟女儿争吵，因为丽兹总是泡在社交网站上。莫伊拉用了各种方式，她解释、喊叫、威胁和惩罚，甚至扣留了丽兹的零花钱，并关她禁闭，都没有用。当莫伊拉试图关掉丽兹正在使用的电脑时，丽兹的反应非常激烈。

当丽兹的父母前来参加我们的家长辅导项目时，莫伊拉已经被不断的争吵和丽兹的拒不服从弄得筋疲力尽。这个辅导项目的首要任务是帮助莫伊拉找回自我控制感。莫伊拉学会了在女儿的挑衅面前克制住自己的情绪，延迟反应。丽兹的父亲罗尼也被拉了进来，与莫伊拉站在一起，显示出坚定的立场。

丽兹的父母走进她的房间说道："我们意识到你是不可以被控制的。我们不能控制你的嘴、手或者腿，但是可以控制我们自己，我们有责任不再向你提供对你有伤害的东西。我们为你提供的免费上网已经成了你的伤害源。作为家长，我们绝不能再为你提供任何伤害你的东西！"

声明发布之后，他们就离开了房间。两天后，丽兹惊讶地发现她不能上网了，房间里的调制解调器也被拿走了。但是她仍然在朋友的家里上网，有时也用哥哥的电脑上网，不过用这样的方式上网还是相当受限和不方便的。丽兹开始抗议、威胁和哭闹，但她的父母亲在教练的帮助下顶住了这些压力，并遵守了他们的诺言。

几天后，一位与丽兹关系良好的朋友南希加入了这个阵营。她跟丽兹说，她想帮丽兹找到一个合作解决方案，既能保证丽兹的尊严，又能让其生活正常。起初，丽兹不感兴趣。几天后南希再次打来电话，还特别强调要维护她的尊严，丽兹同意了。维护尊严的提议让丽兹觉得除了投降或反抗，可能还有第三种选择。

南希建议丽兹这几天放学后可以先到她家里待一待，以减少待在家里的紧张感，另外也能补补功课。这让丽兹感觉到了一种合作，而不是屈从于父母开出的条件。几天后，丽兹的母亲告诉她，"我们为你感到骄傲！我们看到你在跟南希补习功课，这是很重要的一步！"

罗尼跟丽兹达成两项合约：（1）恢复丽兹对网络和电脑的使用权；（2）每天下午四点跟她打一个简短的电话。他把跟女儿打电话一事放在议事日程上，使其显得像工作约谈一样正式。罗尼会在电话里询问女儿的作业，也给她机会规划自己的一天。这让丽兹感到他们是可以有尊严地合作的。

在开始的一段时间里，丽兹总是一放学就到南希家里写作业，哪怕南希有时不在家也一样。过了一阵子，她开始回家写作业了。与此同时，莫伊拉也提高了自己抵御挑衅的能力，遇到挑衅不再做出过激的反应。莫伊拉和丽兹之间的对抗减少了，关系变得好了起来。莫伊拉觉得，她现在又可以像以前一样，跟丽兹一起做些两个人都感到愉悦的活动了。

为了与叛逆的孩子建立合作关系，家长必须克服他们的无助感，提升自控能力，并积极寻求维护孩子尊严的解决方案。在此前提下，才有可能跟孩子发展出合作关系。这个合作关系一定是逐渐发展起来的，因为孩子希望显示出这是他们出于选择而不是屈才进行的合作。

尽管尝试放弃控制对孩子和家长都会产生积极的效果，但有一些家长还是觉得很难做到。他们认为，如果孩子不投降，就意味着家长服软。他们说："这会让他觉得是他赢了！"人们对于软弱的恐惧根植于人类的内心深处，有着生物学和文化的根源。纵观进化史和人类历史，强弱两分法一直存在：弱者注定要消亡。因此，我们需要理解人们对权力的深度渴望，为家长提供另外一个有说服力的新权威，即建立起基于自我控制、立场坚定、坚持不懈以及具有合法性的权威地位。

一些家长对培养自控力这一要求感到困惑，他们问："那么，他骂我的时候，我就只能呆坐在那里吗？""我就应该让她蹬鼻子上脸吗？"

我们并没有忽视权力的问题，而是在诚实地面对它。我们的方案是："你必须变得比现在更强大，不过是另一种形式的强大，它会让你变得坚定而合理。如果你能表现出强大的自制力和决心，你的儿子就会觉得你是一块坚固的岩石！"也许"岩石"这个画面对许多家长没有足够的吸引力。那么我们会说："当你的孩子倾尽全力拉动你的时候，你可以像固定在大地上的锚一样有定力！"

延迟行动的原则：打铁须待……冷却后

我们都知道，要想在愤怒的时刻控制住自己，就必须避免冲动回应：你可以从 1 数到 10，或重复某个咒语来安抚自己，延迟回应。如果能够做到这一点，我们的反应就不会那么强烈，也不会那么有伤害性。此外，延迟冲动反应还可让力量弥漫开来。

当家长在事情过后再次提起这个话题的时候就是在向孩子表明：他们记得这件事，并没有忘记自己作为家长的角色。有时候，当家长提起几小时或几天前发生的事情时，孩子们已经不记得了，或者，至少他们声称自己已经不记得了。他们很惊讶家长的"旧事重提"，一些孩子甚至会抗议："你为什么要一直提醒我这件事？那是很长时间以前的事了！"

这时，家长也许可以这么回答："我当然记得，因为你一直都在我心里！"家长延迟反应、稍后再回到相关话题的做法，可以在许多方面为孩子树立榜样。

（1）**家长向孩子展示了自我控制的能力，防止了事态升级，并为孩子发展他们的自控力创造了条件。**自我控制跟冲动一样具有传染性，如果对方没有做出类似的冲动反应，你就很难继续大声喊叫、威胁和大发雷霆。当家长平静地说"我不能接受你的这个行为。我要想一想怎么回应你"的时候，就消除了相互煽动的情绪。正如人们常说的，"一个巴掌拍不响"。如果一方不退却，也不攻击，愤怒就会消退。因此，孩子能够开始培养自我安抚的技能。

（2）**家长向孩子显示，他一直在家长的心里**。让孩子明白在事情发生以后的这段时间里父母亲一直在想着他们，这对孩子来说意义重大。当家长对孩子说："还记得我们在湖边散步的时候吗？""还记得我给你买这件外套的时候吗？""还记得你在爸爸身上涂满巧克力的时候吗？"这些美好回忆有其特殊的意义。一起回顾往事，享受回忆中的情景，以及爸爸妈妈记得他们的各种细节，可以给孩子带来情感上的满足。即使家长指出孩子的行为问题，也表明爸爸妈妈一直记得他们，给了孩子一种连续感。孩子的生命不再是一些零散的碎片的集合，而是一个相对连续的成长画面。许多理论家已经注意到创造一个连续一致的自我形象的重要性。如果孩子们在成长过程中没有体验到连续性和一致性，他们的自我体验和对周遭世界的体验就是混乱的。当家长发展出稳定感、表现出自控力、学会延迟处理棘手问题时，他们就帮助孩子创造了对儿童发展至关重要的连续感。

（3）**家长通过"借出"他们的记忆补充了孩子的记忆，也帮助孩子逐渐扩展了自己的记忆**。这个过程有点儿像帮助孩子学习骑车。家长扶着自行车，跟在孩子后面跑，然后慢慢地松开手，先是一瞬间，再是整整一秒钟，之后是几秒钟……在家长的**稳固**加持下，孩子学会了**自我稳固**。同样，家长通过跟孩子交谈，谈论一分钟前、五分钟前、半小时前、前一天发生的事情，孩子们逐渐学会了做自我梳理。

波（9岁）患有多动症。他不仅很难专心完成一件事，而且很难回到同一件事上，因为他会忘记自己已经做过了哪些，还需要继续做什么。当他的父母想使用"趁冷打铁"的做法帮助他时，波似乎完全记不起爸妈所谈论的那件事了。起初，波的爸妈认为他是装出来的，但是慢慢地他们相信，波不能聚焦相关事件的部分原因是他把这件事与后来发生的其他事情混为一谈了。

波的父母决定根据他的特殊困难调整这一原则。首先，他们会在事情发生后的五分钟内即回到话题上，然后再尝试十分钟。不到一个月，他们就能够与波就三小时前发生的事情进行有意义的交谈了。为了帮助他回忆所发生的事，他们会提醒他一些细节："你跳到了沙发上，我走到你身边，摸了摸你的手，让你停下来。你还记得你当时做了什么吗？"

渐渐地，波开始可以加入谈话中了，甚至还喜欢补充一些遗漏的细节。当他的爸妈为他制作了一本关于波的生活趣事的相册时，他记忆和联系不同事件的能力又提升了一大步。里面的故事大多都跟一些积极的事件相关，但也有一些不好的事件。他的祖父母来访时，波也很喜欢和他们一起看这本相册。大约一年以后，波甚至开始喜欢谈论过去的一些不好的事件，部分原因是，相比一年前的无能，现在的自己有了多么大的进步。

成熟的原则：你不需要胜利，只要坚持！

导致冲突升级的原因之一是，相信问题可以被一下子解决。这是一种有害的信念，这种信念导致的结论是：如果问题没有得到解决，就是惩罚力度还不够。这把家长和孩子之间的关系变成一系列的"摊牌"，不仅无法实现他们的目标，还注定会让下一场战斗比上一场更糟糕。

成熟的解决复杂问题的原则刚好相反，即相信进步是逐渐发生的，特别是当家长坚持不懈的时候。这里所说的"坚持不懈"并不是指机械地重复同样的行动或言论，而是愿意继续寻求解决办法，耐心地争取哪怕是部分的改进，并对最微小的积极变化迹象保持敏感。

利亚姆的父母在他13岁的时候离异，他与母亲西奈德断绝了关系。这一撕裂非常痛苦，因为这让利亚姆与他母亲的整个家族脱离了关系，而他曾经与母亲有着温暖而亲密的联结。

撕裂发生大约一年后，悲痛万分的西奈德决定孤注一掷，打破被隔绝的屏障。她出人意料地出现在利亚姆与心理医生的一次会面中。利亚姆怒气冲冲，骂了他母亲一顿，逃离了治疗室。治疗师后来花费了巨大的努力才得以修复与利亚姆的治疗关系。

西奈德试图"一次性"解决问题的做法证明她犯了大错。几个月后，西奈德觉得可以再试一次。这一次，她首先与利亚姆的父亲彼得商量了她的计划，彼得也认为持续对抗确实对每个人都没有好处。治疗师从上次的经历中吸取了教训，与利亚姆的父母设计了一个渐进的多边计划。她说："我们必须耐心地采取行动，争取逐步或部分解冻。任何寻求一次性解决问题的尝试都可能会反过来伤到我们自己！"

第一步是增加西奈德对利亚姆学业的参与度。她开始和彼得一起去见利亚姆的班主任。利亚姆知道后，没有对这一改变提出抗议。然后，西奈德开始每周给利亚姆写一封信，但没有试图说服他改变抗拒的态度。考虑到利亚姆收到信后可能不会阅读，西奈德还在治疗师那里留了一个备份。西奈德在信中主要谈论的是利亚姆的外祖父母、姨妈和姨妈家的狗狗巴菲的一些美好回忆和最新情况，因为利亚姆很喜欢巴菲。只有一次，西奈德提到了这段感情的破裂，她为自己没有事先沟通就突然出现在治疗师那里而道歉。她承认自己的做法有点儿让他感觉突兀，但解释说自己是被痛苦所驱使。

渐渐地，治疗师开始与利亚姆谈论恢复与母亲家族的联系的可能性。利亚姆没有彻底否定这个可能性，但也没有表现出多少热情。几周后，外祖母给他寄了一封信和生日礼物。彼得把信递给利亚姆，但他拒绝打开阅读。彼得没有试图说服他，只是把信放在了书桌上。几天后，这封信从书桌上消失了。彼得检查了一下，那封信也不在利亚姆的垃圾桶里。一个月后，利亚姆告诉他的治疗师，他收到了外祖母的来信和礼物。

改变进展得很慢，但利亚姆的父母和治疗师一直都在密切关注着。西奈德给利亚姆的信换了一种新的格式：一本相册。家里的其他家庭成员也纷纷在相册中加入留言、照片和回忆。治疗结束后，治师让利亚姆和她坐在一起看了很长时间。利亚姆的叔叔和祖父问利亚姆，是否愿意去见他的姨妈。利亚姆说，等他准备好了的时候就会去。两周后，一个惊喜等待着他：一天放学后回到家里，他看到了正在厨房等着他的巴菲。他问父亲，是谁把狗狗带来的。彼得说是他自己，但他的外甥女们会来接巴菲回去。利亚姆非常兴奋，直到两个女孩过来接狗狗回家，他才停止和巴菲玩耍。女孩们到来后，他自然地和她们交谈着，好像什么也没发生过。

此时，重新与母亲家族建立联系只是一个时间的问题了。他的抗拒不再像是密不透风的四面高墙，而是有了大大小小的通风口，来自大家庭的爱的暖流开始从四面八方涌了进来。

家长的坚持不懈、愿意关注，哪怕是极小改变的迹象都是一种特殊的力量源泉。与要求"立即服从"的专制立场相反，"成熟原则"从时间里汲取力量。一个遵循成熟原则的家长会敞开心扉，接受时间带来的所有可能的意想不到的变化。这样的改变与强制服从大不相同。它们让合作开始发生，并为价值观的内化创造了条件。

自我控制和家长的空间

为了很好地培养自控能力，家长必须能够冷静下来，让自己恢复理性，并为下一步做好准备。家长需要自我保护和适当的休息。持续地面对攻击性行为以及被要求履行职责的家长更容易感到崩溃和失控。因此，家长们必须学会保护自己的身体、时间、隐私、人际关系、工作和休息。

对于那些想要处理好孩子问题行为的家长来说，第一个任务是在红线上达成一致。为了有效地做到这一点，他们必须厘清哪些是需要绝对抵制的红线行为，哪些是可以用更灵活、更宽容的方式解决的行为。

"三篮练习"

乌里·温布拉特（Uri Weinblatt）是 NVR 的先驱之一，他开发了一个"三篮练习"，帮助家长共同决定他们的优先事项。他要求家长想象有三个篮子：红色的、黄色的和绿色的。

- 红色篮子里是家长要坚决抵制的、绝对不能接受的行为。

- 黄色篮子里是家长可以通过对话、解释和鼓励等较温和的措施来解决的行为。

- 绿色篮子里是一些家长可能并不喜欢，但为了集中精力解决最重要而紧急的问题目前可以暂时忽略的行为。

"三篮练习"的目标有两个：一是引导家长彼此交谈并达成一致；二是建立一个工作的优先顺序，使家长能够集中精力处理主要问题，而不是分散在无数个目标上。属于红色篮子中的典型行为可能是："对家长或其他家庭成员的暴力行为"或"公然进入家长的卧室或书房"（比如，在被告知不可以进入父母的卧室或书房打扰时硬要闯入）。当然，在确定目标的优先顺序方面，每个家庭都不一样，但保护兄弟姐妹或家长不受暴力攻击这一项是绝不能放在黄色篮子里的。

在做"三篮练习"时，家长经常出现的问题是在红色篮子里填上一长串"严厉禁止的行为"。当我们告诉他们，这会使他们的任务变得无法完成时，家长们反驳说，他们绝不能放过任何一个问题。比如，家长们可能会说："什么？难道我们能让她不刷牙就上床睡觉吗？""我们能容忍他不做作业吗？"

我们必须明白，红色篮子并不是指家长所有的行为，只是建立了一个优先级，决定了哪些（很少的）行为家长是要坚决抵制的，哪些目标可以通过比较温和的手段来实现。当家长将一小部分行为（两三个）定义到红色篮子里的时候，就可以全力以赴地用行动来阻止这些行为。通过坚守底线来确立权威感的家长也会在其他方面增加自己的影响力。相反，从一个禁令跳到另一个禁令的家长会弱化他们的权威感，他们会发现自己嘴里说出的每一个"不"就像一个个泡沫，一出来就破灭了。

给家长留出个人的喘息空间与为孩子提供帮助的能力之间有着重要的关联。这就像飞机上给出的紧急情况下使用氧气面罩的指导方针所描述的，带小孩旅行的家长首先需要给自己戴上氧气面罩，然后再给孩子戴上。这样做的原因是显而易见的：如果家长在自己无法呼吸的情况下试图给孩子先戴上氧气面罩，其结果可能是两个人都无法呼吸。因此，在日常生活中，家长也必须首先"给自己戴上氧气面罩"，才能很好地培养自我控制能力，有效地完成工作。

约翰尼（13岁）是一个极度焦虑的孩子。每当学校要考试了，或者他自己或父母有一点轻微疼痛，或者有一点什么迹象让他觉得父母好像生他的气了的时候，他都会产生极度的焦虑。另外，他还会担心战争、流行病和地震的发生。

他的父亲罗比是他的主要安慰者。尽管很忙，但只要儿子打来电话，罗比都会接起电话安慰儿子。但最近这段时间，约翰尼的电话明显增多了。他不再满足父亲在电话里给他的一次性保证，而是会一遍又一遍地打来电话，希望得到父亲持续的安慰，才能打消他所有的疑虑。罗比开始生儿子的气，有几次甚至忍不住在电话里喊了起来。但是，发过脾气之后，他又会跟约翰尼进行长时间的交谈，试图修复带给儿子的伤害，有时甚至会聊到深夜。

约翰尼曾经接受过治疗，但当他意识到这样的治疗要求他积极面对压力时，便拒绝再去。他也拒绝药物治疗，因为他了解到药物可能会带来依赖性。

罗比听说了一个针对患有焦虑症又拒绝接受治疗的儿童的家长的治疗性项目。

罗比把约翰尼的祖父母也邀请了进来。他们愿意帮助罗比改变这种状况，打断无休止的担忧与安慰交替上演的恶性循环。约翰尼的父母和祖父母告诉约翰尼,从明天起他的父亲上班时将不再接听他的电话,需要的时候他可以给祖父打电话,但是每天最多只能打三次。

第二天上班的时候,罗比故意把工作安排在办公室以外,还把手机"忘"在了家里。当晚下班回家时,约翰尼看见爸爸就哭了起来。罗比告诉他:"我为你感到骄傲!"

约翰尼说:"有什么值得骄傲的?我差点死了!"

罗比回答道:"这就是为什么我为你感到骄傲啊。你活了下来!"

第二天,重复的戏码又上演了一遍。晚上回到家里时,罗比惊讶地发现儿子正坐在电脑前玩游戏呢。罗比觉得他已经学到了一种帮助儿子应对焦虑的重要方法。

犯错是不可避免的,但是可以纠正!

失控是感到压力的结果。如果家长感觉自己被逼到了墙角,失去了某种自由和回旋的余地,就会出现一些攻击性的回应。当家长明白,即使犯了错误,也总是能够纠正的时候,这种压力感和紧迫感就会得到显著的缓解。意识到这种自我纠正的可能性,给了家长一种"扩展了行动空间的体验"。家长的"时间感"发生了变化,就会感到越来越从容,从而摆脱再被困在当下的感觉。

丹（15 岁）患有恐慌症，其特征是呼吸急促、心率过速和颤抖。每次觉得恐慌症要发作的时候，他都会打电话给他的妈妈或爸爸，让他们立刻来学校接他。

跟治疗师咨询后，丹的父亲戴维和母亲玛莎决定停止立刻到学校接走丹的行为，并且把这个决定告诉了丹。他们说，以后他再打来电话的时候，他们会提醒他去找学校的咨询师，但是他必须留在学校。学校的咨询师和老师都知道这个计划，他可以尽管去咨询室找他们。房间里没有人也没关系，他可以坐在咨询室门外的椅子上等着，直到平静下来。

在宣布了这个决定的两天之后，丹打电话给他的母亲，声称自己已经恐慌得不行了。玛莎在脑海里反复提醒自己，必须控制住想要保护孩子的本能冲动，她告诉儿子："丹，即使很难，你也要挺过去。如果你实在挺不住，15 分钟以后再从咨询室给我打电话。再见！"

丹立刻把电话打给他的父亲："爸……爸……爸爸……我不知道我是怎么了！……我不能呼吸……我想……我觉得这次很严重……我上不来气了……"

"丹，我在路上了！"

驱车上路以后戴维才想起他们的协议以及让儿子先到咨询室等待这回事。丹的求救电话让他乱了方寸，使他觉得必须立即前去解救儿子。在接儿子从学校回家的路上，他嘱咐说："别告诉妈妈，她不会原谅我们的……"

父亲一开始犯的错误是可以理解的。如果没有特别的准备，面对儿子如此痛苦的求救不去回应是一件非常困难的事。但是后来跟儿子一起共谋对玛莎隐瞒实情的决定却是一个严重的错误。戴维在回家的路上与儿子建立的"不告诉妈妈"的共守联盟，可能会削弱家长试图建立的联盟。

然而，即便如此，这个错误仍然是可以被纠正的。在针对焦虑症儿童的项目中，① 我们为处于类似状况下的家长提供了一个简单的纠错手段。两位家长需要一起走进孩子的房间，对孩子说："我们今天犯了一个错误。我们给了你一个错误的信息，让你感觉我们不相信你有能力处理焦虑。我们反思了一下，明白这是错误的！以后我们会采取不一样的行动，会提醒你需要做什么，但不会屈服于你的焦虑。"

当然，要让那个做错了的家长去说这些话，这一点很重要。通过这样的方式，家长们传递的是合作，而不是加深他们之间的鸿沟。这个"小事故"可以变成一个提醒，让家长牢记自己的承诺。此外，通过这样的示范，家长也让孩子懂得，错误和失败并不意味着努力的结束。

孩子的自控能力该怎么提升？

患有各种严重失调（如严重注意缺陷多动障碍、精神疾病或精神

---

① Lebowitz, E. R. & Omer, H. (2013). *Treating Child and Adolescent Anxiety：A Guide for Caregivers.* Wiley & Sons.

缺陷）的儿童能否学会自我控制？这些状况不是由根深蒂固的心理状况或生理障碍所导致并无法改善的吗？

自我控制不是一个开关，而是根据情况、时间、技能和动机在不同的层面上发生。下面的这段对话发生在治疗师和一位孩子有暴怒症的家长之间。

父亲：我认为他无法控制自己。还是在很小的时候，他就总是会尖叫和发怒！

治疗师：毫无疑问，他有一个很低的沮丧阈值，有时甚至是很小的刺激都会让他发飙。有没有什么情况，他的自我控制看起来稍微好一些？

母亲：有的，当有朋友来的时候，他不太会发脾气。

治疗师：他是怎么做到的？

父亲：他们好像分散了他对那些通常会使他恼火的事情的注意力。

治疗师：所以，他是可以被分心的。这是自我控制的重要基础之一。你觉得他是怎么分散自己的注意力的？

母亲：我不认为他会主动去分心。只是当朋友们来的时候，就自动发生了。

治疗师：你是说，只要有朋友来访，他就从来都不会发脾气？

母亲：不是的，还是会有发脾气的时候。他讨厌输掉比赛。每次输给兄弟姐妹，他都会大发雷霆。但是和朋友们在一起的时候，他就不会发作。

治疗师：所以，他有能力区分不同的情况并做出相应的反应。这是自我控制的另一个重要因素。还有没有什么其他的情况，他很少发脾气？

父亲：有，跟莫舍叔叔在一起的时候。莫舍叔叔常常带他去钓鱼，他跟莫舍叔叔在一起的时候就像是变了一个人似的。

治疗师：他喜欢钓鱼吗？

父亲：喜欢！

治疗师：钓鱼需要很大的自制力。他似乎比我们想象的更有技巧。

父亲：但是跟莫舍叔叔在一起的时候，他不会遭遇什么挫败啊，钓鱼就是在外面玩一整天啊。没有家庭作业，不需要刷牙或洗澡，也没有时间表。如果我去钓鱼，我也不会失去自我控制。

治疗师：钓鱼其实是一种充满挫折感的爱好。有时候守上几个小时都没有鱼儿咬钩；有时候上了钩的鱼儿还会逃走，这是非常令人沮丧的；还有，当看到身边其他人比你钓的鱼多很多的时候，就会更沮丧，不是吗？

母亲：没错。莫舍叔叔告诉我们，一开始的时候他总是很沮丧，因为莫舍叔叔钓得比他多很多！后来他想明白了，事情就是这样，他改变不了什么。尤其是当他开始能钓到更多鱼的时候，也好了很多，尽管还是没有莫舍叔叔钓得多。

治疗师：所以，我们看到，在某些时候、某些情况下，当他有动机的时候，他就可以发展出自我克制和自我控制的能力。问题是，如何在日常生活中也做到这一点。

以下是一些关于孩子自控能力的基本问题，家长可以问问自己：

- 在什么情况下，孩子会表现出更多的克制？
- 在什么情况下，他们表现得最冲动？
- 孩子在什么时候表现得最好，什么时候最有问题？
- 孩子跟谁在一起表现得更好一些？
- 孩子有没有让你感到过惊讶，因为他曾经在某个很困难的情况下成功地控制住了自己的情绪？
- 孩子在某一次不寻常的事件（如校长的介入或不愉快的触犯法律）发生后，有没有在其后一段时间内改善过他的行为？
- 在不同的老师面前，孩子的表现是否会有不同？
- 孩子会不会在父亲面前比在母亲面前爆发得少，或者相反？

家长也可以问问自己，他们的孩子是否在某些情况下给了自己"自我放任的许可证"？有时，孩子甚至会告诉家长，他要向他们展示他会多么失控。这样做，孩子实际上是在表明他有能力控制自己的失控能力。

图努（8 岁）是个喜怒无常的男孩。有一次，在和一个朋友打架后，他冲进房间，砰地关上门。他的母亲说："你不用那么生气！"

图努回答："但我就是想生气！"

后来，在一个温馨的家庭时刻回忆起那件事时，他的父母给了他一个绰号"愤怒"。图努骄傲地笑了。

这些问题和思考改变了人们对"无法自控的孩子"的看法。事实上，我们看到的是一个自控能力尚未完全培养起来、在有些状况下有所改善的孩子。即使是那些被诊断患有严重精神病症的孩子也能改善自控力。

我们来做一个简单的思维实验，想象有两名被诊断为精神分裂症的青少年（毫无疑问，这是最严重的诊断之一）。我们假定，他们有相似的症状，而且药物治疗对于他们的效果都很有限。其中一个孩子的家长认为，因为他们的儿子生病了，所以无法维持正常的生活，也不能达到基本的要求。另一个孩子的家长则认为，尽管儿子生病了，仍然可以培养一些生活能力，提升自理能力。第一个男孩的家长接受了儿子所有的**突发奇想**和不良反应，因为他们不相信他有能力控制自己。另一个男孩的家长则在孩子做出任何适当行为时都加以鼓励，同时在孩子的情绪失控时注意保护自己和家中财产、房屋，努力维持正常的家庭生活。

现在，我们想象一下几年后再次回到这两个家庭时看到的情景。我们会发现他们之间存在巨大差异。在第一个家庭里，孩子和家庭的状况很可能都非常糟糕。在第二个家庭里，尽管有困难，但家庭气氛是安全的，在某些方面运作正常，甚至取得了重大改善。

两个男孩的未来前景也将截然不同。前一个的生活将变得边缘化，自理能力低下，极有可能已经被送到某个机构中生活了。后一个将有可能维持正常的生活、工作和社会关系，在某些情况下，他还能够展现出自己独特的技能。尽管无法消除这种疾病的症状，他仍能做到这一切。他的自控能力并不是天生的，但是因为有了这些支持以及为他建立的边界和环境，他的自控能力得以逐渐发展。

结 论

培养家长的自控力是改变儿童的问题行为、提高家长影响力和权威感的重要途径。家长们惊讶地发现，自控力实际上是一种力量。培养自控力的第一个原则是需要懂得，家长不能控制自己的孩子，只能控制自己。当他们学会放弃诸如"你要照我说的去做！"之类的专横信息，代之以诸如"我们会照我们说的去做！"之类的信息时，他们就会变得强大起来。当他们的行为不再受控于孩子的反应、只受控于自己的时候，他们就会很快发现，孩子比以往任何时候都更加合作了。

第二个原则是："打铁须待……冷却后！"这一原则使家长不再急于做出反应，有时间从容地规划和准备。这种延迟反应对孩子显示出的是"父母亲记得"，有一种厚重感。事实上，当孩子们发现他们的父母亲在事情发生之后一直想着他们、记着他们的时候，就能够体验到一种连续性。

第三个原则是："你不必赢，只要坚持！"这一原则让家长摆脱了"非赢即输"的思维定式。只要家长们坚持不懈、接受"部分改善是更大改善的第一个迹象"的思维方式，就会不断获得积极的力量。

第四个原则是："错误是不可避免的，但是可以纠正！"这一原则给自我控制赋予了另外一层含义，让家长即使在跌倒后也能继续提高。家长以身作则，为孩子提供了榜样，允许孩子承认并改正错误。

小 贴 士

- 克制和自我控制能够带来力量和稳固家长的权威地位！

- 避免说"你要照我说的去做！"；相反，要学会说："我们会照我们说的去做！""这是我们的责任！我们不会放弃你！"

- 学会推迟你的回应。当你延迟反应，在几小时或几天后再次回到相关问题上时，就是在告诉孩子："你记得，你没有放弃，你一直在那里。"

- 对家长来说，期待一蹴而就地解决问题是最大的陷阱之一。

- 学会看到并欣赏微小的进步。

- 得到支持的家长可以更好地控制自己！

- 错误和失误并不意味着自我控制的结束，相反，它们开启了自我纠错的可能性。纠正错误的人不会失去地位和权威感，而是相反。

- 自我控制具有传染性：当你学会自我控制时，就提高了孩子的自我控制能力。

第三章

支持和归属

"养育一个孩子，需要一个村庄的努力。"传统的非洲谚语如是说。然而，现在的家长却比过去更加孤立无援。离婚率的攀升、大家庭的削弱、移民以及隐居在高楼林立的城市住宅中的生活方式，都侵蚀了曾经为家长提供支持和合法性的社会与人际关系结构。养育子女越来越成为一件在小小的核心家庭内部完成的工作，是由家长（往往还是单亲家长）独自承担的责任。不幸的是，孤立的家长无法成为稳固的锚，只需几个波浪就可以把他们推开、卷走。

在本章中，我们将讨论的是，到底是什么阻碍了家长寻求和接受他人支持。我们的目标是帮助家长意识到，他们在自然环境中有着潜在的支持者，可以帮助他们及其孩子克服正在经历的困扰。当家长敢于采取行动让自己从孤立的泡沫中解脱出来的时候，很快就会发现，他们的家人、朋友以及身边很多其他人都愿意成为他们的同盟军，为他们提供帮助。事实证明，援助就在身边。许多以前看似被卡住、无法解决的事情，可能突然之间就迎来了新的、令人惊讶的转机。同时，支持者们还能帮助孩子们找回归属感，这可能是在育儿中引入支持者的最有益的结果。

隐私的本能反应："为什么要求助于他人？
我的问题应该自己解决！"

无数家长对我们让他们寻求支持者的建议感到迟疑："为什么要

求助于他人？我的问题应该自己解决！"他们认为，寻求支持者违反了他们的规范和习惯。在他们理想的育儿观里，一切关乎育儿的必要事件都只发生在家长和孩子之间的密切关系和直接互动中。然而，我们都知道，如果个人关系和亲密关系良好，所有的问题都会得到很好的解决。但倘若这个关系中出现了问题，那些问题就无法得到有效的解决。

这一立场可以被描述为"亲密关系的信仰"。根据这一信念，亲密关系不仅具有至高无上的价值，而且还是孩子发展得好坏的根本原因。这一假设已成为整整一代家长和心理学家的公理。这个孩子有问题吗？有！那一定是孩子和家长之间的情感关系出了问题。如何解决这个问题呢？那就必须修复这种关系。有时候，这种假设被更为极端地描述成：母亲和孩子之间的关系是问题的中心，所有其他关系都处于边缘地位，即使是父亲也处于次要位置。

但是这一观点从根本上就是错误的。母亲们并没有生活在真空中。一位感受不到身边支持网络的母亲是很难为孩子提供稳定支持的。孤独的母亲会转而在孩子身上寻求所缺乏的所有支持，从而形成一个孤立和封闭的系统，这将阻碍孩子的发展。父亲的早期参与已经被证明是一个人复原力的重要来源。

在某些情况下，兄弟姐妹也扮演着关键角色。对于那些在大屠杀期间失去父母亲的幼儿来说，一起长大的兄弟姐妹往往会弥补成长中的不足，使得他们能够在痛失至亲的情况下健康成长。正如我们已经注意到的，长辈的参与可以使青少年免于犯罪和其他危险行为。

我在巴西的圣保罗长大，我的父母都是大屠杀的幸存者。我们家里的气氛通常是阴郁的。我的母亲有些抑郁，她跟我父亲的关系也有问题。在我很小的时候，由于家庭纠纷，我们与叔叔家断了来往，我家的情况变得更糟。在没有祖父母（死于大屠杀）的情况下，家庭的孤立感尤为严重。

那时的圣保罗是一座大城市，我叔叔一家人住在城市的另一端，需要转乘两趟公共汽车，差不多要两个小时才能到达。我的内心强烈渴望核心家庭之外的亲情关系。在我只有 11 岁的时候，我学会了独自完成这样的长途旅行。我开始花时间待在我的叔叔婶婶（杰吉尔和玛塔）家，差不多每周五晚上我都会去那里。我还跟他们以及三个堂兄弟一起去度假。事实证明，我并不是唯一一个从这段关系中获益的人，整个家族都因为我充当了恢复关系的桥梁而获益。我自己则从我叔叔的家庭生活中看到了良好家庭关系的典范。我相信，如果不是因为在叔叔家的经历，后来的我不可能为我的孩子们创建一个良好的家庭氛围。

因为各种各样的原因，面对孩子，家长往往会处于某种微妙的境地：

- 孩子们非常知道家长的软肋和痛点；
- 孩子们经常把家长的付出视为理所当然，因此家长的服务或要求在孩子那里变得毫无意义；
- 家长对孩子的求救信号极为敏感，即使孩子们能够自己应对，家长也经常会急于出手相救。

- 除此之外，还有一个家长要独自面对的难题。许多孩子，尤其是青少年，觉得有必要以与家长发生冲突的方式来宣示他们的主权。在这种情况下，家长若试图施加影响，往往会招致与预期相反的反应。

下面有一些问题可供家长进行自我检视，看看这些情况是否发生在了自己的身上：

- 我的孩子知道如何激怒我，让我无法控制自己吗？
- 我的孩子知道如何向我施压，让我屈从于他们的要求吗？
- 我们的孩子是否利用了家长之间的分歧？
- 我的孩子是否认为我们给予的一切都是理所当然的？
- 我的孩子是否经常通过哭闹或发出其他求救信号而让我们慌忙去提供帮助？
- 我是否觉得我的话被当成了耳旁风？
- 我的孩子会无视我吗？
- 当我在孩子旁边的时候，是否感到他更加依赖我、更有孩子气？

这些都是家长和孩子之间特殊的亲密关系可能导致的各种问题。理想的解决方案并不是增加距离，因为这对家长和孩子来说是难以忍受的；可行的方案是增加支持网络，让其他人进入这个圈子里支持孩子的成长，也让家长在过于紧张的亲子关系中得以喘息。封闭在亲子泡沫中的养育往往是痛苦和低效的。更加痛苦的是，任何试图解开这个结、尝试为双方打开正常生活空间的努力都可能会让家长体会到难以忍受的撕裂感。事实上，过于亲密的关系和依赖关系都不利于自然的成长过程，成效甚微。

羞耻的因素："暴露会导致无法忍受的羞耻感！"

羞耻的因素阻碍着家长向他人求助，主要是两方面的原因：他们无法克服"自我暴露"的心理障碍，担心"自暴家丑"会让别人看低自己；此外，他们还担心这种羞耻的经历会给孩子带来身心伤害。为了让家长更好地应对羞耻这一课题，必须了解羞耻感在儿童发展中的关键作用。

羞耻的经历是令人不快的，但并不总是有害的；相反，它在培养孩子的归属感和道德发展方面起着至关重要的作用。有害的羞耻感和建设性的羞耻感带来的体验是完全不同的，这一不同与羞耻感在体验过程中的人际关系背景和情感背景有关。伴随着拒绝和排斥而来的羞耻经历不仅令人不快，而且具有潜在的破坏性。羞辱性惩罚，包括边缘化、羞辱或贬义的表达，夹带着刺耳的信息，让人缺乏归属感。虽然人们期望孩子在表达忏悔后会重新拥有归属感，但在许多情况下，这根本不会发生。一些孩子拒绝忍受被羞辱的过程，他们宁愿忍受拒不道歉所带来的任何后果，也绝不低头。其他一些被迫屈服的人则可能会在某种程度上滋生怨恨之情，这种怨恨破坏了养育者原本想带给他们的归属感和忠诚度。当孩子的忏悔能够发生在有支持和归属感的环境中时，他所经历的羞耻就会带来不同的感受和结果。

我们在应对儿童暴力倾向的项目中，特别利用了"公众舆论"的做法，但这里所说的"公众"特指一个对孩子持积极态度的群体。为此，我们帮助家长或教师创建了一个由大家庭成员、朋友、学校教员——有时还有其他有意义的角色（如体育教练或年轻的咨询师）——组成的支持者小组。当孩子有暴力行为（如殴打妹妹）时，小组成员会收到详细的报告。然后，小组中的一两名成员会联系孩子，说："我听说你昨天打了妹妹，这是不对的。你知道我非常关心你，很看好你，我相信你是能控制住自己的！我也愿意帮助你避免这种情况再次发生，因为动手打妹妹是一种暴力行为，必须停止。"这一信息由三个正向积极的部分组成：爱和联结、信任和欣赏以及提供帮助的意愿。它创造了一个积极的氛围，有助于孩子安全而适度地体验羞耻感。赞赏、归属感和支持的信息，以及用诚实而直接的方式提及问题行为，增强了孩子承受羞耻的能力。这些体验对孩子的适当发展至关重要。

羞耻感不仅是一种可以忍受的经历，甚至是至关重要的，理解到这一点可以帮助许多家长克服"羞耻感障碍"，积极寻求帮助。然而，对于另外一些家长而言，仅仅了解到这一点还不足以克服他们自己的"羞耻感障碍"，因为他们觉得暴露自己的困境会让他们成为"失败的家长"。这些家长可以学习用一种提升自尊而不是降低自尊的方式来寻求帮助，从而克服这种"羞耻感障碍"。例如，家长可以告诉他们的朋友或亲戚："您可以想象，对我来说，与你们分享我们与女儿遇到的困难不是一件容易的事。但我们对她现在的状况和未来的担心让我敢于向您求助！"以这种方式打开自己、袒露自己遇到问题的家长是在表明，为了女儿和家人，他们已经克服了自己的羞耻感。这是一种勇敢的行为，而不是软弱的表现。

另一种寻求帮助的方式是强调支持者的特殊价值。例如："您知道我不喜欢诉说问题，所以有时候很难开口寻求帮助。但是我想，如果此时对您隐瞒我的问题，就是在忽略您在我们和孩子生活中的特殊位置！"通过表达对支持者的敬重和信任而发出诚挚的请求，会让你得到积极的回应和应有的尊重。

这些陈述包含了帮助行为的一个深刻秘密：它满足了双方的需求，为给予者和寻求者双方赋予了价值。在我们举行的支持者会议上，有一种惠及所有人的气氛：家长得到了支持，支持者也因为有幸为孩子和家庭提供帮助而感到满足。

担心被视为软弱

当我们要求家长寻求支持者的时候，很多人当下的反应是："孩子会认为我很软弱！"

如果家长明白，抬手打人、恐吓性的喊叫或威慑性的惩罚并不如"宽大的肩膀"来得更有力或更强大，他们就可以通过寻求帮助来增强自己的力量，而不必担心被视为软弱。使用"我们"比"我"更有力量，也更具合法性。理解这一点的家长们会激活支持者系统，应对孩子的逆反行为也就没有那么困难了。家长们可以对孩子说："我当然要去找你的爷爷／奶奶／叔叔／姨妈。我们已经决定了，绝不再容忍这种暴力行为了！""如果你离家出走，我们会一起行动起来！我们永远不会放弃你！"

这样的表达可以压制抗逆。家长们不再蜷缩在羞耻感里，害怕被看作软弱而不敢声张，他们变成了有自豪感的敢于抵御暴力、破坏和自我伤害的群体代表或领军人物。以这种方式行事的家长把自己从与孩子的"二人决斗"的关系中解放出来。没有什么比这样的立场更能有效地应对来自孩子的反抗："什么？你不知道吗？我们在一起反抗暴力！"

伊丽莎白是一位单亲母亲，在跟儿子李（11岁）的权力角逐中变得筋疲力尽。她发现，自己越是威胁和要求，孩子就越是固执和抗拒。有时，她觉得儿子就是为了争论而跟她争论的。她看不到走出迷宫的出口。她已经请教了好几位顾问，尝试了善意的方式，也尝试了强硬的方式。但无论是劝说、感化和诱惑，还是威胁和惩罚，儿子统统都不理会。他最喜欢说的一句话是："你还能对我做什么呢？"这种挑衅的姿态就好像在邀请妈妈到她的"工具箱"里再去搜搜另外的新招，然后他会证明它的无效。

在我们的诊所里，通过与治疗师的对话，我们一共设定了两个目标：（1）学会摆脱任何"决斗"和"拔河"的游戏；（2）建立一个支持系统，让妈妈能够用"我们"去讲话和行动。为了强调从权力较量中撤离的决心，伊丽莎白和她的支持者（包括儿子的外公外婆、她自己的两个兄妹以及已经成年的女儿）一起制作了一个证书，证明李是"一个不可战胜的孩子；他不会被打败，因为他是那种宁死不屈的男孩"。所有的支持者都在证书上签了名字，包括家里的狗狗，那是李的最爱。

证书印在羊皮纸上，挂在李的房间里。证书颁发两天后，李故意打碎了母亲的一个花瓶。到了晚上的时候，伊丽莎白和李的姨妈姨父走进了他的房间。他们坐下来告诉他，他们要待在那里等待他告诉他们，他打算如何补偿他的妈妈。李指着证书说："你们赢不了。这是你们自己说的，我是不可战胜的！"

他的姨父回答说："没错，你是不可战胜的！但是我们都有责任抵制暴力，即使我们赢不了！"

房间里陷入了一段沉寂。李没有给出任何补偿方案，因为这有伤他的自尊心。两天后，他的外公外婆来了。他们说："如果你不愿意，我们是不能逼着你补偿你妈妈的。但我们可以向你索取补偿，因为这是公正的要求。我们决定收回在圣诞节给你买新游戏机的承诺，用这笔钱来更换被你打碎的花瓶。"

他们还给了李一个新的机会，让他重新考虑是否愿意选择主动补偿他的妈妈，但他依然保持抗拒的姿态。那个圣诞节他没有收到礼物，不过他假装自己并不在乎。

以前他的妈妈可能会跟他进行徒劳的讨论，试图让他明白这么做只能伤害自己。这次她没有发表任何评论，只是把新花瓶放在了原来放花瓶的位置上。他妈妈向治疗师报告："我从没想到得到支持的感觉会这么好。我不再觉得有必要大喊大叫了！相反，我可以安静地说话！"

尽管李从未低头或表示过遗憾，但他的行为改变了，他不再有争吵的对象了。

害怕孩子的反应

对一些家庭来说，决定披露孩子的问题，哪怕是像祖父母这样亲近的家人，都像是打破了神圣的禁忌。家长们担心，祖露问题会导致孩子严重的情绪爆发，甚至是严重的心理危机。在某些情况下，有些孩子会公然威胁家长，如果他们胆敢说出他的事，他就会做出极端的反应。

以下是一些家长担心的问题类型，可以帮助家长有效地审视自己面对孩子反应时的心态。

我会担心我的孩子感觉他在孤军奋战吗？

这种担心是因为家长在头脑中形成了一幅"支持者结成联盟共同对付孩子"的画面。事实上，邀请支持者参与的做法不是这样的。恰恰相反，在问题发生后，只让一个或两个跟孩子关系比较亲密的人去接近孩子。正像前面谈到的体验建设性的羞耻感时所阐明的那样，我们总是带着积极正向的心态使用这种方法。在这种情况下，孩子的积极倾向就很有可能胜出。

支持者在内心深处认为，绝大多数的孩子是想要改善他们的问题行为模式的，只是不知道如何去做。即使是那些看似决意保持愤怒和暴力姿态的孩子，也希望他们的问题能够得到解决，并且不希望被再次引爆。

包括那些青少年犯罪者或药物滥用者也是如此。在他们的内心深处，也有着积极的声音和渴望改善的秘密愿望，只是那些积极的声音很微弱，好像也不现实。当孩子们发现人们愿意为他们的改变付出努力时，尤其是当人们不再责备和要求他们而是尊重他们的时候，内心深处那个积极的声音就会越来越大。

我的孩子会不会特别生我的气？

事实上，家长的求助有时确实会招致孩子愤怒的反应。有些孩子会指责父母背叛和侵犯了他们的隐私。

还有一些孩子明确禁止家长与陌生人谈论他们。这些孩子深知，保护隐私是我们社会中一种神圣的价值观，只要一提到它，家长就会打住，放下揭露问题的打算。家长们应该意识到这一点，不要落入这个陷阱，只需耐心地回答："这不仅是你的问题，也是我们的问题！"以此表明，寻求帮助和接受帮助是家长的基本权利。

孩子因家长侵犯了他们的隐私而大发脾气，会让家长感到难以应对。但是只要理解到他们所做的一切是在保护整个家庭时，面对孩子的情绪爆发，家长的容忍力就会大大增强，他们也会把这个概念很好地传递给孩子："我们决定寻求帮助，是因为我们都在为此受苦！"这一信息是非常合理的。跟孩子们谈论此事时，祖父、姨妈或朋友可以简单地说："当然，这是我们这个大家庭的问题！"

孩子的愤怒也会因为另一个原因而退去：问题的曝光就像泼出去的水，是收不回来的。事情一旦被暴露，唯一的选择就是去适应新的状况。而另一方面，支持却是一个持续的过程。支持者的善意存在于今天、明天和接下来的每一天。支持过程的影响逐渐会超越暴露的影响。孩子只需接受并体验到一次真正的帮助，就可以明白"暴露秘密"对他们是有好处的。

如果孩子在得知自己的一个秘密被揭露后精神崩溃了怎么办?

这是家长脑海中的另一个恐怖场景。家长有时甚至担心孩子会自我伤害,不管他之前是否有过这样的暗示。一些家长认为孩子的心理非常脆弱,只要有一点风吹草动就会被打垮。我们的经验表明,情况恰恰相反。引入支持者是改善孩子心理状态的最佳保证之一,而为他保守秘密恰恰是问题持续存在的主要原因之一。值得注意的是,在我们治疗的数百个案例中,我们甚至没有看到一例因为引入支持者而导致精神危机的事件。相反,我们目睹了许多案例,因为有支持者的帮助,儿童或青少年得以摆脱精神危机。

当然,很重要的一点是要思考哪些部分可以告诉支持者以及如何告知。需要好好想一想,怎么处理那些私密的信息,如性侵事件或性取向,这些都很重要。即使有支持者的参与,这些方面的隐私权也应该得到保护。有时候,可以为支持者分配不同的角色,不同的主题需要找到相应的适合的支持者。例如,可以找一位朋友或亲戚,在获得孩子的信任后,再跟孩子谈论相关内容。然而,这些主题是不应该向整个支持团体披露的。你们可以这样告诉其他支持者"孩子正在努力处理一些私密的问题,她与她信任的叔叔讨论了这些问题。"支持者是能够理解这一原则的。

特别要指出的一条重要规则是:伤害他人或自我伤害都绝不属于私人事件。任何的伤害行为都关系到许多人。暴力事件、虐待兄弟姐妹或家长，或者用割伤、吃药及其他破坏性行为造成自我伤害的行为均被纳入这一类别。自杀威胁，无论明示还是暗示，也都不属于私密事件的范畴，相反，它是最暴力的行为之一。这样的行为，不仅是在威胁孩子自己的生命，也是在威胁家长的生命。直接指向孩子自己生命的威胁并不能减弱暴力或破坏的程度，也不会让其更具私密性。当家庭成员受到这种伤害或威胁时，家长会被要求与孩子进行公开的对话。如果孩子为所谓的侵犯隐私行为提出抗议，家长可以简单地回应道："生与死并不是私事，它关系到每一个爱你的人！"

如果孩子离家出走，或者威胁我们再也见不到他了，该怎么办？

处理恐怖场景的最佳方法是预备好应对策略。如果孩子威胁要离家出走，或者在过去曾经发生过这样的情况，家长就需要提高警觉，必要时可以扩大求助的人群范围。针对这种情况事先做好准备，能够大大增强家长的在场感。家长有能力在孩子的社交圈里向他人（朋友、朋友的家长和其他人物，如孩子的老师、体育教练、店主或舞蹈俱乐部老板）寻求帮助，能够摆脱无助感和无力感。为了应对孩子离家出走的威胁，家长们可以提前编制一份孩子的朋友和其他相关人士的联系清单（姓名和电话号码）。只要花一些心思，任何一位家长都可以列出这样一个联系清单。

孤独障碍："我们没有支持者！"

许多家长对成立支持小组的回应是，他们找不到可以支持他们的人。感觉孤独和缺乏支持者的体验是许多家庭的典型经历。现代家庭往往都是一个个社交孤岛。但是，孤独不仅是一种客观状况，也是一种习惯和心理状况。根据我们的经验，许多认为自己没有潜在支持者的家长只要敢于用几个简单问题来测试自己的孤独极限，就会惊讶地发现，情况正好相反。

我有想过大家庭的成员吗？我请求过他们的帮助吗？

这个问题的最初答案通常都显示出家长的自我设障。例如，"孩子的祖父母住在很远的地方。""祖父母年老、生病，很容易焦虑。""家长与自己的兄弟姐妹的关系并不密切。""叔叔是一个很老派的人。如果他知道发生了什么，只会生气和不赞成。""家长的朋友们都很忙。"

然而，这些障碍都经不起认真的推敲，特别是涉及祖父母的部分尤为明显。居住在很远的地方并不是一个不可逾越的障碍，因为尽管距离遥远，通过电话和互联网仍能提供重要的支持。在有些案例中，孩子跟祖父母的接触很多，甚至是每天都有联络，但他们从未想过利用与祖父母的这种**联结**感帮助他们应对困难。不让祖父母参与，会拉开情感的距离，也无法让这样的关系产生真正的价值，从而使得谈话流于表面和无足轻重。祖父母得到的只是对这个小家庭的错误看法，如此一来，家长实际上是将祖父母挡在了可能给他们的生活增添意义的传统角色之外。当然，也有可能是考虑到祖父母年事已高或担心他们的健康状况，才对他们有所保留。然而，这种不给祖父母添烦恼、不让他们操心的愿望对他们并没有什么好处。事实上，如果把老人家蒙在鼓里，他们脑子里每天剩下的就只是琢磨自己的那些老年病了。

彼得（12 岁）倾向于独处，经常连续几天独自待在自己的房间里不肯离开。他的母亲劳拉和父亲尤金起初不太想让彼得的祖父参与进来，因为他患有骨科疾病。彼得以前很喜欢和祖父一起看足球比赛，但是自从去年他越来越与世隔绝，这一切都停止了。

最后，彼得的父母亲决定把这一变化以及他们对彼得的担忧告诉祖父。祖父开始在观看重要比赛的过程中给彼得发短信。开始的时候，他们俩各自在自己的家里观看比赛。几周后，彼得拜访了祖父，他们一起观看了一场比赛。再后来，彼得加入了一个足球队。彼得的祖父不顾身体的困扰开始参加彼得的比赛。显然，双方都从祖父的支持中获益了。

长辈、堂 / 表兄弟姐妹、家长的朋友往往是宝贵的支持来源，他们的参与以及提供帮助的行为有助于恢复家庭的凝聚力。堂 / 表兄弟姐妹，尤其是年龄大一些的孩子，可以扮演类似家中哥哥姐姐的角色。有时，家长会惊讶于孩子的堂/表兄或堂/表姐愿意花时间和精力照顾孩子。但是叔叔阿姨们并不感到惊讶，他们了解自己的孩子。他们知道，如果有人请求他们孩子的帮助，孩子们是会做出积极回应的。你需要明白的很重要的一点是，这种帮助并不一定要非常密集。有时候，大一些的孩子愿意每月一次或两个月一次陪伴自己的表弟或表妹就足够了。通常，你会发现某个孩子更擅长并愿意在某个特定领域提供帮助，比如有些善于辅导家庭作业，有些擅长带领运动。在许多情况下，叔叔阿姨也可以带着他们的侄子侄女一起度假。这些活动都可以深刻地改变孩子的家庭归属感。

我跟班主任或者是校方的有关老师有良好的关系吗？

家长通常不会把老师当作潜在的支持者。如今，对教师的普遍态度往往是批评的。孩子在学校出现问题时，如若处理不当，家长和老师之间的关系就可能恶化，变为相互指责。这不仅对双方不利，还会严重伤害孩子。学校和家庭的关系越疏远，孩子们的生活就越缺乏连贯性和一致性。许多家长惊讶地发现，改善与学校的关系不仅能缓解孩子在学校的问题，而且还能提高家长们的地位。之所以会有这样的现象，是因为孩子们了解到，他们的父母亲跟学校有较为密切的联系，知道所发生的一切。与学校保持良好关系的家长还扩大了他们的远见和影响力；家长的权威感影响着老师的权威感，反过来也受到老师权威感的影响。当家长能够掌握一些基本情况，比如学校教材的细节、家庭作业、课堂上发生的事以及孩子的社交状况时，家长在孩子心里的在场感就会增强。另一方面，当孩子因为家长缺乏与老师的沟通协调而躲到了家长的监控范围之外，家长的在场感就被削弱了。当家长和老师重新开始合作时，孩子会觉得家长和老师是在一起照顾他们的。

我认识孩子的朋友和他们的家长吗？我至少和他们中的一个有联系吗？

现代社会的一个困难特征是互不相识和彼此隔绝，每个人都活在个人的大气泡中。孩子朋友的家庭常常像是一个陌生的世界。和孩子朋友的家长谈话或询问事由，常常让家长自己感觉不自在，主动与其他家长取得联系像是违反了不成文的规则。当孩子的朋友来到家里时，主动跟这些孩子攀谈也常会让家长感到不自在。

有些孩子故意不让家长与自己的朋友接触：当他的朋友来访时，他会悄悄地把朋友带进自己的房间，以免家长看到或接触到他们。作为家长，如果任由这些不成文的禁令在家里大行其道，就会与孩子的社交圈脱节，无法对其产生任何影响。

对于克服与孩子的朋友及其家长之间隔阂的建议，家长们的回应通常都是非常积极的。他们明白，了解孩子们的朋友并能够与他们及其家长交谈是家长职责的重要部分。倘若孩子试图阻止你们的交谈，这本身就是一个警报，表明问题已经出现了。能够与孩子们的朋友及其家长交谈对家长来说是至关重要的，因为：

- 它使家长可以评估，孩子是否与有问题的人在一起；
- 它打开了一扇家长可用以了解孩子的各种活动和计划的窗口；
- 它能帮助家长更方便地协调各种活动，比如对离开和返回时间提前做好安排；
- 它能让家长知道，如果孩子试图离家出走，可以到哪里去寻找；
- 它能让两个家庭的家长相互协调；
- 它提升了家长做决定的合法性，特别是那些与其他家长协调后作出的决定。

克洛伊注意到，薇薇（13 岁）从同学家的聚会回家时带着一股烟酒的味道。克洛伊有些担心，因为薇薇最近加入了一个女孩子的小团体，她觉得这些人正在把自己的女儿带向一个不好的方向。

克洛伊利用本周"家长—教师之夜"的机会与另外两位母亲取得了联系，提出了自己的担忧，并与她们交换了电话号码。这三位母亲决定一起合作，以便了解更多的情况，并在必要时进行干预，防止她们在聚会上吸烟喝酒。她们与举办聚会的同学家长提到，女孩们在他们家参加了集会，可能在聚会上吸烟喝酒了。那位家长说，她那天晚上很晚才回家，发现孩子们打开了家里的酒柜，拿走了一瓶威士忌。

随后，这几个家长决定与自己的孩子谈论她们所发现的情况以及家长之间的沟通情况。她们告诉自己的孩子，以后每次聚会或社交活动前，她们都会询问详细情况，并与举办聚会的同学家长沟通，以确保聚会上不会出现烟酒。家长们还联系了班上其他几位家长，并把这个计划告诉了他们。

对支持者的请求是适度的，每个支持者尽其可能提供帮助即可。渐渐地，人们清楚地认识到，有些支持者会在其中扮演更为核心的角色，其他人只需跟随这个过程。然而，"家长已经知道了这一切"和"孩子们知道家长已经知道了这一切"的事实改变了问题的生态。因为隐瞒问题和保守秘密就像许多行为问题的温床，问题一旦暴露，情况就发生了根本性的变化。

家长如何创造一个温暖的圈子，给孩子一种归属感？

支持网络的主要贡献之一是给孩子一种归属感。最好的支持团体是那些向孩子发出归属邀请的团队。当然，我们说的不是正式的邀请，而是在每次接触中传递的一种态度。家长和支持者用行动告诉孩子："我们在乎你！""我们与你同在！""你在我们心中占有一席之地！""我们一直在想你！""你并不孤单！"

即使是想故意忽视这些信息的孩子，也不会对这些置之不理，归属的邀请会慢慢地深入孩子的脑海中。这种变化当然不是即刻出现的，它是循序渐进的，先是带着些许疑惑，然后会越来越深入。对家长来说，这是一个至关重要的过程，因为当他们意识到，寻求支持者是一步一步面向孩子的积极邀约时，内心的疑虑就会减少。以下的一些原则和信息能够大大增强寻求支持者的积极作用。

"我们有自己的部落！"

孤立的家长不能很好地吸引孩子，不能满足他们归属感的需求。随着孩子们的长大，他们开始学习解读社会关系地图，评估人际关系的质量以及周围人的地位。孩子们会观察家长之间的关系和他们周遭的环境，并得出关于他们的身份地位的结论。那些被视为与世隔绝的家长会失去在孩子心中的地位。当家长摆脱了封闭状态并获得广泛支持的时候，情况就会发生变化。当家长和支持者们开始用"我们"来谈话的时候，孩子就会收到这样的信息："我们有自己的部落！"他们会慢慢地意识到，那个社会关系地图已经改变了。这时，孩子们很难再忽视家长，因为家长的身后有了支持者。许多家长惊讶地发现，即使孩子还在抗议，但是却开始尊重他们了。

我们在一项研究中发现，单亲家长是最需要支持的，也是最难接受寻求支持者理念的一群人，可能是因为这些家长更习惯于单独行动。他们自己给出的解释是，向支持者求助与他们作为家长的理念相悖。我们认为这种立场忽略了一个简单的事实：孤立的家长有可能失去激发孩子归属感需求的力量。孩子在具体需求方面可能仍然依赖于家长，但同时越来越不愿意接受这样的家长作为权威、向导和价值观的来源。有一个女孩用特别残酷的语言表达了这一点，她说："我所做的一切就是因为我不想活得像我母亲那样孤独！"

当支持者告诉孩子，"你的母亲来找我们的时候，我们都觉得她应该得到所有的支持！"或者"我们都同意你妈妈在这件事上的做法！"时，情况就会发生变化。这些信息表明，家长不仅敢于走出孤独的陷阱，而且得到了足够的支持。孩子对社会关系地图有着本能的敏感。因此，当家长获得了广泛的支持时，他们在孩子眼中的地位也就随之提高了。

减少控制信息，为重建归属感铺平道路

我们需要为孩子们创造一种简单的方式来增进他们的归属感，这一点很重要。向孩子发出控制信息，所起的作用恰恰相反。当孩子们收到"如果你不服从，就……"这类的专制信息时，只会生出强烈的冲动，想用反抗的行为回应家长，然后向别处寻找归属感的满足。"你要照我说的去做！"让许多青少年觉得他们别无选择，只能拼尽全力去反抗。另外一种信息则截然不同。如果家长们在支持者的帮助

下，能够跟孩子说"我们会照我们说的去做！"，这样的信息可以达到两个目的：强化了家长的地位，降低了孩子获得归属感的台阶。现在，归属感不再是自主权的对立面，合作也不再等于投降。

安迪（15岁）和他的家人被卡在一个极其负面的家庭氛围里，因为他对姐妹们的攻击和骚扰行为。有一次，当他用下流的方式称呼他的姐姐时，姐姐的男朋友冲过来保护她，扇了他一个大嘴巴。事件发生后，安迪告诉他的父母，如果以后姐姐的男朋友再来家里，他就会离家出走几天。他的父亲莫里斯果断地告诉他："这是我的家，我可以邀请任何我想邀请的人来这里！"

安迪摔门而去，消失了两天。父子俩陷入了权力斗争，双方将每一个让步视为无法忍受的投降。

莫里斯的弟弟被请来介入此事。他联系了安迪，告诉他："周末来我这儿吧！我们俩可以一起去郊游，我们一起找个体面的方式帮你摆脱在家里遇到的麻烦！"

安迪回答说："我不属于那个愿意邀请打我的人来的家！"

叔叔告诉他："这个周末你属于我们家！我们很高兴有你的到来！"

叔叔的邀请让安迪感受到了尊重和归属感。在叔叔家过周末的时候，安迪又收到了其他亲戚的邀请。尽管这些亲戚都开诚布公地告诉他，他们是在与他的父母合作，他还是很高兴地接受了几个邀请。一些支持者相当直接地告诉他："我们所有人，尤其是你的父母，都认为，你和你的姐妹们都应该有安全感地生活在你们的家里！"

安迪感到了温暖的接纳和支持。与其他亲戚住在一起的时候，他的父母也开始来看望他。整个氛围逐渐地平静了下来。两个月后，在父母的家里，一家人围坐在桌边时，他坐在了姐姐的男友旁边。安迪对姐姐的无理行为也消失了。

支持者介入时，青少年倾听得更好

许多家长，特别是青少年的家长，都会经历孩子的质疑，孩子们会质疑他们的地位、知识和指导。这可以被视为青少年自然发展的一部分。尽管孩子小时候希望父母亲能够为每个问题提供答案，但青少年却不再想仅仅依赖家长，他们还想从另外的渠道寻求更多的知识和指导。

事实上，从很小的时候起，孩子就受益于周围环境对其父母亲态度的呼应和加持。例如，当一位母亲告诉孩子，她自己是如何从父亲或母亲那里学到某些东西的时候，孩子会觉得自己置身于一个有知识和智慧传承的家族。同样地，当朋友和家人告诉孩子关于他们父辈的一些特殊事件时，也会发生类似的反应。突然之间，在孩子的眼里，家长不再是孤立的、肤浅的、偶尔令人讨厌的人物，而是变得更有深度了。

我在青春期的时候，曾经刻意远离我的父母亲。在所有的偏好和选择中，我总是"反着来"——我着迷于某些立场或观点，仅仅是因为它们与我父母的观点相反。追随着内心强烈渴望独立的愿望，我离开了当时的居住地巴西，18岁时便独自搬到了以色列。

几个月后，我的叔叔婶婶来到我的住处看望我，我们在一起度过了好几个小时。就在那次，叔叔告诉了我很多关于他和我父母亲的故事。他说到"二战"时期对犹太人的迫害，他们所在镇上的几个犹太居民是如何被谋杀的，以及他们三人如何逃离波兰、一路颠沛流离辗转五个国家，终于在意大利找到避难所，并在那里待了两年。叔叔跟我讲述了我父亲一路上如何克服种种障碍的故事，尤其是在跨越边境时表现出的机智和大胆，简直像惊险片一样。叔叔所讲的故事对我来说特别重要，因为他从不做过分的夸张或修饰。

几个月之后，我父亲来到以色列，第一次带着我到欧洲各地旅行。那是我们有生以来在一起度过的最亲密的两周。在这两周里，我开始对父亲产生了新的敬意。他带我去了巴黎的丽都俱乐部，当时守门人不让我们进去，因为我没有打领带。那时已是深夜，没有地方可以买领带。我的父亲退到一边，解下我雨衣上的腰带，打了一个很特别的有装饰性的蝴蝶结系在我的脖子上。当我们进入丽都俱乐部、经过之前阻止我们进入的同一个看门人时，我父亲用法语问他："这不是一条漂亮的领带吗？"看门人微笑着表示同意（他肯定注意到这不是一条标准的领带）。如果不是因为刚从叔叔那里听到关于我父亲有能力摆脱困境的故事，我可能不会对这件事如此地记忆犹新。

在后面的旅程中，我收获了更多的惊喜。在意大利时，我听到父亲对不同的人讲不同的意大利语。我问他为什么，他解释说："我跟那个人说的是那不勒斯语，跟另外那个人说的是巴勒斯方言，对其他人说的是纯正的意大利语。"

多么熟悉的解释。叔叔曾经告诉我，我的父亲在集中营里学会了立陶宛和乌克兰的语言和方言，还学会了几句匈牙利语跟匈牙利人做交流，并勤加练习以便记住这些语言和方言，在生死存亡的关键时刻这些语言都派上了大用场。叔叔讲述的这些故事让我对父亲有了新的认识，重新崇拜起了父亲。

青少年更容易接受家长以外的其他人的开导。当这些人和孩子们说话时，他们讲的话与家长的话有关系，但又不完全相同。这种差异和相似的混合使得支持者的声音有相关性。它不会削弱家长的声音，却会创造一些新的细微的差别和导向，激发青少年的兴趣并对他们产生影响。

延迟行动的原则：为孩子按下暂停键，让孩子得以恢复

"趁冷打铁"中的延迟行动原则可以让家长们获得更多的自控能力，防止事态升级和冲突，并通过让孩子看到"家长依然记得"的做

法强化家长的地位。但这些并不是这一原则带来的全部好处。当家长能够平静地告诉孩子"你现在不需要回答，可以慢慢地想一想！"的时候，就给了孩子一个停下来的机会，去重新思考并表达他们内心积极的声音。当家长让孩子暂停以待恢复时，就等于去除了阻碍孩子做出积极反应的愤怒屏障。

反过来，当家长提出诸如"你必须承认你撒了谎！""你要马上收拾干净！"或"立刻向你姐姐道歉！"之类的要求时，孩子会感到他们必须抵抗，即使受到惩罚也在所不惜。

当然，仅仅让孩子暂停下来是不够的。为了让孩子能够朝向积极的方向迈出一步，还需要给出一些推动力量。支持者可以在此扮演重要角色，发挥重要作用。如果孩子的祖父母或家人的朋友能够在第二天联系到孩子，告诉他，他们已经了解到了最新情况，愿意帮助孩子找到有尊严的解决方法时，孩子就有可能做出一些积极的回应。倘若孩子仍然拒绝（对许多孩子来说，拒绝是一个关乎荣誉的问题），支持者可以说："你不必马上回答我。我只想让你知道，当我说要找到一个有尊严的解决方案时，我指的是一个能够维护你的尊严的解决方案。希望你能再好好想想！"

如此便给了孩子一个额外的停顿，给孩子了一个台阶下。此外，支持者的介入为孩子的归属创造了新的选择：现在，孩子经由祖父母或家人的朋友，有了另外一个找到归属感的通道。此时，对于孩子来说，通过支持者找回归属感通常比通过家长提供的路径来得更容易一些。孩子可以通过支持者提供的侧门而不是正门回归家庭。这有点儿像有人希望在没有被注意的情况下进入一个派对一样。一旦进入房间，他们就会自然地成为庆祝活动的一部分。

欧文（11岁）最喜欢的表达是"这不公平！"。他觉得与妹妹（9岁）雪莉相比，爸爸妈妈总是歧视他，因此，他抓住每一个机会对妹妹进行报复。当他的爸爸妈妈责骂或惩罚他的时候，他会闭嘴，但心里充满怨气。他的爸爸妈妈尽量不招惹他，甚至经常忽略他对妹妹的挑衅。

姑妈艾丽西亚跟欧文有着特殊的情感连接。每次艾丽西亚到来的时候，欧文总是很高兴，尤其是当艾丽西亚带着他出去的时候，尽管她也总是带雪莉跟他们在一起。跟姑妈在一起的时候，欧文很少对雪莉表现出嫉妒。

欧文的爸爸妈妈寻求咨询后，向欧文发出了"声明"[1]，宣称他们决定抵制他对雪莉和父母的暴力与骚扰。这一消息宣布之后，欧文消停了几天，但随后又开始继续欺负雪莉。晚上的时候，爸爸妈妈一起走进欧文的房间，要求他必须为自己对雪莉造成的伤害做出补偿。他们说："我们不指望你现在就说出你的补偿方案，有空的时候，你可以好好想想。"

欧文像往常一样抗议爸妈的不公平，但这一次他们没有做任何解释。第二天，艾丽西亚邀请他过去。欧文很高兴，尤其是因为这一次

---

[1] "声明"的步骤在第五章有介绍。

姑妈没有邀请妹妹。玩了一会儿后，姑妈告诉他："你肯定能猜出来，我已经知道发生了什么。你知道，我对你一向很公平。我这样公平地对待你，希望你也能这样公平地对待我。你知道我是什么意思吗？你和雪梨都是我最爱的侄子、侄女，当你伤害雪莉的时候，你也伤害了我，这对我不公平。我想我们一起想想，看看你能为雪莉做点什么好事，不仅能维护你的尊严，对我也公平！"

欧文没有说话，他不知道该怎么继续这个谈话。

艾丽西亚告诉他："我不需要立刻得到答案。我有一个可以很好地维护你尊严的想法，不过我们可以等一下再谈。"

在激起了欧文的好奇心之后，艾丽西亚把欧文带到厨房，送给他新鲜出炉的巧克力曲奇饼干。这种曲奇饼干是艾丽西亚最拿手的点心，也是欧文和雪莉最喜欢的饼干。这看上去像是在"奖励"欧文的不良行为，但是干预的目的既不是奖惩，也不是惩罚，而是为了促成对雪莉的补偿行动，并为欧文提供一个机会来改善他的家庭归属感。过了一会儿，艾丽西亚提出了她的提议。他们一起去找雪莉，欧文要把他特别为雪梨保留的饼干亲自送到雪梨的手中，并附上一封简短的道歉信，为他对雪梨的不公平道歉。艾丽西亚还以见证人的身份在信的末尾签了名，这让欧文感觉更容易接受。

第二天，父亲告诉欧文，他很欣赏欧文能够如此公平地处理这件事。这让"公平"在这个家庭中有了统一的而不是分裂的概念。

和解和联结的姿态

父母亲愿意与孩子和解和联结的姿态有助于重新建立家长与子女之间因受反复冲突所影响的关系。

在此过程中，支持者的参与可以肯定并增加这种和解姿态的意义，从而能成倍地增加和解姿态带来的积极效应。

海莉（7岁）非常固执，她几乎会拒绝大人的每一个要求，这对她的父母亲是一个很大的挑战。每天早上从起床到走出家门都是一种折磨，她的父母似乎已经习惯了这样的状态，只是祈祷海莉能够在周六早上晚一点儿起床，这样他们至少可以多享受个把小时的休息时间。

为了走出这个怪圈，在越来越紧张的亲子关系里得到一丝喘息，海莉的爸妈决定为海莉制作一本"好女孩专辑"。他们想用这样的方式提醒自己和孩子，他们的性格和关系中也有好的一面。海莉的爸妈在专辑中放入了很多记录着他们共同度过的快乐时光的照片、海莉的一些涂鸦以及美好生活的点点滴滴。他们还邀请大家庭的其他成员参与这个专辑的制作，并把"专辑"摆放在家中一个很显眼的位置上。

海莉对这个点子的反应很热烈，尤其是听到祖父母和叔叔婶婶要求看这个专辑并把他们的美好记忆也添加到里面的时候，她格外地兴奋。这张专辑的制作不仅帮助了海莉，也帮助了她的父母亲。他们看到的不再只是一个不断起冲突的小女孩，而是更多地看到了一个正在面对各种困难的孩子。

一天，海莉妈妈更是对自己的丈夫和孩子的祖父母说出了一句让她自己都感到吃惊的话："这本专辑也许不只是'好女孩专辑'！它也是'好母亲专辑'啊，因为它让我看到了更多面的自己，而不只是一个只会发怒和叫喊的母亲！"

***

约翰尼（13岁）坐在电脑前玩着声音很大的射击游戏，母亲玛莎敲了敲他关着的房门。约翰尼不耐烦地喊道："你想干吗？我很忙！"然后继续在屏幕上玩着射击游戏。

玛莎在门外回答："我做了你喜欢的椰子蛋糕，给你拿了一块！"

约翰尼没有停止射击，尖叫道："我不需要！"

玛莎做好了被拒绝的心理准备，她回答说："我给你做蛋糕是因为我爱你。我给你留在冰箱里吧！"说着，她把蛋糕放到了冰箱里。

约翰尼没有理会母亲，继续玩着他的游戏。因为要面子，他没有去碰冰箱里的那个蛋糕。一周后，玛莎又做了同样的事，依然把蛋糕留在了冰箱里。那天下午，约翰尼的叔叔来家里拜访，看到了冰箱里的蛋糕，说道："我可以吃一点你妈妈给你做的蛋糕吗？这个蛋糕看上去实在是太诱人了！"

这会儿，约翰尼有点儿尴尬了：为什么其他人都喜欢他妈妈的蛋糕而他不喜欢？约翰尼跟他的叔叔一起吃了蛋糕。第二天，他的祖父母来了。他们问约翰尼："你妈妈做的蛋糕还有吗？还是你已经把它吃光了？"

约翰尼回答说："不都是我吃的，莫西叔叔也吃了！"

祖父母大笑起来，约翰尼也笑了。祖父说："你妈妈已经告诉我们了，蛋糕吃完了！所以，现在轮到你来表现了。来吧，我要给大家买比萨，你去问你的妈妈和弟弟，看看他们想要什么口味的。咱们一起去买吧！"

能够促进孩子渴望归属的表达

多年来，我们从那些家长那里收集了许多有帮助的陈述。很多家长由于被自己的孩子强烈拒绝或抵制而深感无力，他们使用这些陈述帮助自己摆脱了无助的状态。在许多情况下，这些信息是由支持者来传递的，其中一个原因是孩子们不愿意直接从自己的父母那里接收任何信息。有时候，家长把纸条留在孩子的书桌上，然后再由一名支持者出面告诉孩子，他们已经和他的父母谈过这件事了。如此，可以给家长一种半公开状态的联结和归属感。以下的表达方式被很多家长引为"范式"，他们使用类似的句式或发展出类似的其他句式来表达类似的信息。

（1）忠诚和奉献的信息：

"我是你的父亲，而且我永远是你的父亲！"

"不管什么时候，如果你遇到麻烦，我都会尽我所能帮助你！"

"在我的内心深处，我确信，如果我或奶奶遇到麻烦，你肯定会来帮助我们的！"

（2）欣赏和自豪的信息：

"我为你的韧性感到骄傲！"

"虽然你在和我们争吵，我也很惊讶你有能力这么扛下去！"

（3）归属感的表达：

"我会尽一切努力让你知道你有一个家，有一个安全的地方，有一个让你归属的家！"

"在我们这个家里，永远是'人人为我，人人为我'！我相信，如果我们当中任何人处于危险，你都一定会站出来的！"

（4）表达信赖和希望：

"我相信你，相信你有能力克服这个困难！"

"我见过你摆脱过更大的麻烦！你可能不记得了，但是我记得！"

（5）减少控制的表达：

"我们都希望你能重新开始和你妈妈讲话。但是没有人会强迫你这么做！"

"没有人能强迫你待在这里！"

"没有人会强迫你。也许要花上很长的时间，你才能感觉到你可以改善与我们的关系！"

归属的信息是一种"长期邀请"或者是一个"始终有效的邀请"，允许孩子在他们准备好的任何时候做出回应。支持者的参与给孩子的回应增加了弹性空间，部分原因是孩子可以选择"经由支持者"或"通过支持者的调解"来做出回应，而不会感到自己在放弃立场或失去原则。

结　　论

　　家长的封闭和孤独是导致他们面对裹挟孩子的逆流失去能力的主要原因之一。尽管如此，出于种种原因，诸如保护隐私的本能、担心被视为软弱、害怕丢脸或被伤害、害怕孩子的过度反应，或感觉没有支持者，许多家长仍然很难伸出求助之手。我们与家长合作的经验表明，当家长的各种担心和疑虑被妥善处理之后，例如，当他们理解到过度强调隐私会破坏归属感时，或者当他们明白保守秘密不是忠诚的证明，有时还是忠诚的反面时，或者当他们能够理解孩子需要在支持性环境中为自己的攻击性行为感到羞耻的时候，他们都能克服最初的犹豫向支持者发出求助的请求。

　　家长们很快发现，寻求帮助并不会让他们变得软弱，刚好相反，他们所拥有的"宽大肩膀"提升了他们的自尊以及在孩子眼中的地位。

　　许多家长也明白，他们的孤独不是命运的判决，而是因为习惯和对寻求帮助的本质的误解。当家长在寻求和接受帮助时能够获得简单有效的方法时，这些理解就会转化为行动。我们的研究发现，绝大多数家长都有能力寻求和接受帮助，并因此改善自己和孩子的状况。这些经历改变了发生问题的生态环境。从此，那些问题行为失去了滋养其野蛮生长的温床，取而代之的是新的支持系统，为培养孩子的积极行为和更新孩子的归属感创造了条件。

小　贴　士

- 留意你是否有保守秘密的倾向，是否有对任何其他解决方案持谨慎态度的倾向。

- 孩子是否会迫使你不要将他们所做的事情告诉任何人？重要的是，要清楚地向孩子表明，从现在起情况将会发生改变。

- 寻求帮助不等于软弱！你的孩子应该拥有"愿意且能够接受帮助的家长，而不是自我封闭的家长"。

- 隐私权须被合法使用。利用隐私权去冒险、伤害他人或自己的孩子将丧失这一权利。

- 与祖父母、阿姨／叔叔和亲密朋友分享你的困扰，不是在给他们增加负担。相反，是对他们的敬重。

- 即使是很小的帮助也是有意义的。哪怕只是打一个电话，也是在告诉对方："你并不孤单。"

- 当你担心孩子会因羞耻感而受到伤害时，务必要营造一种情景，让支持者带着关心和爱与孩子接触，告诉孩子，他们相信他的能力，并愿意为他提供帮助。

- 如果你对自己说"没有人帮助我们"，这很有可能只是反映了你的一种根深蒂固的习惯和与世隔绝的心态，而不是实际情况。

- 彻底查看你的联络人名单非常重要，包括那些远方的亲人，没有人是一座孤岛。

第四章

在场感和警戒性守护

为了应对 21 世纪养育子女的诸多挑战，家长需要有方向感，有内心的指南针，要有一定的指导原则，否则就无法在现代生活无边无尽的迷宫中找到自己的路，更不用说把孩子带到安全地带了。没有明确的方向感，家长会不知所措，并加剧各种漂浮感对孩子们的影响。我们特别创造了"家长在场"（Parental Presence）一词，想要给家长一个清晰的定位和方向感。一位有"在场感"的家长给出的信息是明确无误的："我在这里，我就在这里！你不能解雇我，也不能摆脱我！"

"家长在场"是身体上的，也是心理上的。孩子年幼的时候，家长需要照顾孩子所有具体的生存需要，"身体在场"是必需的。逐渐地，家长的"身体在场"会让位于"心理在场"。当从身体在场成功过渡到心理在场时，家长依然应该是孩子们的方向感、价值观、安全感和稳定感的源泉。这时候的"家长在场"应该更多地出现在孩子们的心里、头脑里和记忆中。

家长可以在远端，也可以在身边陪伴孩子，取决于孩子的需要和具体情况。远端陪伴孩子是在培养孩子的独立性和责任感。一旦发现有什么不对劲的迹象，家长就要重新调整做法，更多地近处守护。我们把这种做法称为"家长的警戒性守护"。无数研究证明，"家长的警戒性守护"是预防从儿童早期到青少年晚期出现各种风险的最有效方法 [1]。由于我们所处世界的各种诱惑正在增大，落实警戒性守护成为

---

[1]　Omer, Satran & Dritter (ibid.).

家长的终极挑战。因此，我们对孩子在各个年龄段的所有家长最重要的忠告是：学会保持在场，敢于警戒性守护。

家长的警戒性守护

警戒性守护意味着随时掌握情况，对孩子身上发生的一切表现出持续的兴趣，保持警觉，时时留意。如此可令家长及时注意到风险，提前采取防范措施，并在必要时采取果断行动营救孩子。警戒性守护也是一种在场外静观的能力，有能力留意到孩子如何自我管理，并愿意在孩子遇到麻烦时采取果断的行动。为使警戒性守护真正有效，我们需要让孩子知道，父母亲在时刻关注着他。孩子心里想着家长，并且知道家长也在惦记着他们，家长与孩子在心理层面发生的这种无声的对话为孩子的安全成长创造了最佳条件。因此，家长的陪伴会给孩子带来安全感，而这种安全感会持续存在于孩子的整个童年乃至青春期，甚至更长的时间，就像下面的这个例子所描述的。

新手司机被公认为最不安全的司机。统计数据显示，新手司机中男孩子的风险又是最大的。虽然女孩也会出一些小事故，但通常不会有太大的危险，造成的损失多半也只是需要修修车而已。男孩却很容易造成严重事故，特别是在他们开始独立驾驶的第一年。因此，我们为家中有年轻车手的家长启动了一个项目，教给他们如何进行有效的警戒性守护，哪怕他们不跟在年轻车手的身边①。我们的秘密就在于创造一种"心理在场"，即让孩子知道家长在牵挂着他，所以孩子也能在心里想起家长。

　　我们是怎么做到的呢？这里有一个小例子：有个年轻人周末要跟朋友外出游玩，出门前他的母亲对他提出了一个很小的要求："请你在到达目的地的时候给我发一条短信，告诉我你已经安全到达了；午夜之前再发一条短信，这样我就可以安心地睡觉了！"一些男孩会对母亲这个小小的要求感到不耐烦。此时，家长一定不要对孩子的不屑反应让步。要记住，你的这个要求是完全正当的。主要有两个原因：一是这样的要求可以使母亲更安心，二是能够使男孩想起自己的母亲。在这个孩子满足母亲的愿望的时候，也就是想起母亲的时候，而且会想起两次：一次是到达目的地的时候，一次是在午夜之前。我们的研究表明，如果家长能够落实警戒性守护，年轻人在驾驶的时候就会变得更加谨慎。我们还发现，当家长坚持自己的主张，用温和的态度提出这种要求时，绝大多数的年轻人（95%）都能遵守。有一个案例，那个男孩对母亲的要求提出抗议时，他的父亲加入了对话，说："听着，亲爱的儿子，当你母亲睡不着觉的时候，我也睡不了觉！所以，你一定要发送这两条信息！"事情就这么搞定了。

---

① Shimshoni, Y., Farah, H., Lotan, T., Grimberg, E., Dritter, O., Musicant, O., Toledo, T., & Omer, H. (2015). "Effects of Parental Vigilant Care and Feedback on Novice Driver Risk". *Journal of Adolescence, 38*, 69–80.

为了形成良好且有效的警戒性守护姿态，你一定要明白警觉性守护与刺探式防范和侵入性干预之间的重大区别。刺探式防范和侵入性干预的做法不仅对孩子（或家长）不利，还会损害亲子关系、影响孩子的健康成长。刺探活动，或在孩子背后收集信息，与警戒性守护有着本质上的区别，因为它不能让孩子感受到"家长在场"。此外，刺探活动还引入了有可能破坏双方关系的不诚实的因素。当家长需要根据背后收集到的信息采取行动时，或者当孩子发现家长在进行刺探活动时，这种损害就变得显而易见了。那些试图根据刺探行为搜集到的信息采取行动的家长需要用谎言来解释自己的相关行为。即使家长的谎言可以自圆其说，其中的怀疑也会多多少少影响这段关系。家长们想知道，他们是否有理由实际检查孩子的行为（例如检查孩子是否藏毒）。确实，家长有时需要做这样的检查以保护自己的家庭和孩子。但这种检查可以合法而公开地进行，而不是用刺探的方式。如此，一旦发现孩子吸毒，家长就可以开诚布公地告诉孩子，根据所发现的事实，他们会在必要的时机检查孩子的房间。这样做，家长没有也不必偷偷地刺探状况，只是勇敢地采取适当的警戒措施来保护孩子。为了能够敢于公开而合法地采取行动，许多家长需要得到积极的支持。一旦获得支持，即使是以前不作为的家长也敢于站起来表明家长的立场了。

侵入性干预的做法也会削弱警戒性守护的有效性。当家长进入孩子的个人和私密领域，或者试图控制孩子能够独立运作的部分时，就发生了"侵入性干预"。最值得注意的第一种侵入性干预是偷看孩子的日记或电子通信内容。第二种侵入性干预最常见的例子是扮演"直升机家长"，盘旋在孩子的头顶上，事无巨细地对他们的方方面面提出指导意见或发表评判，即使孩子没有任何有问题的迹象，也不能放手。在这些情况下，警戒性守护的作用同样会被削弱。因为家长的在场失去了其合法性，孩子不仅不接受、不欢迎，反而会越来越强烈地抵制家长。侵入性的警戒性守护同样被证明会严重损害孩子与家长之间的关系。

在一次关于家长警戒性守护的研讨会上，我们专门讨论了如何预防及处理八年级和九年级孩子吸烟酗酒的问题。几位母亲承认，他们在背后检查过孩子的书包，查看他们是否有香烟。一些母亲在发现了"有罪证据"时陷入了麻烦。

有两位母亲找到自己的女儿对质，声称自己很确定孩子在吸烟。女孩们坚决否认。母亲们则说，她们一眼就能看出。两个女孩于是开始怀疑她们的母亲在背地里检查她们的书包。她们故意用某种方式把书包放在椅子上，试探她们的母亲。回家后，当发现自己的书包被翻动过后，她们就开始向自己的母亲发难，母亲们最终不得不承认自己确实检查过她们的书包。这种背后的刺探行为损害了亲子关系，妨碍了沟通，让母亲们变得更加无助。

为了杜绝孩子的问题行为而全面控制孩子及其生活状况的愿望是无法实现的，也是不可取的。但是通过让孩子感觉到父母一直在关注他们可以显著降低风险。

当家长们问"怎样才能保证这样的事情不会发生"时,我们的回答是:"无法保证,但这并不意味着你是无助的!"相反,如果家长能够懂得,"警戒性守护"是通过让你经常出现在孩子的脑海中而不是通过控制来完成的,就能增加家长的合法影响力。警戒性守护是一个灵活的过程,守护的松紧度是根据家长接收到的警报信号而调整的。我们会谈到三个级别的警戒性守护:公开关注、聚焦关注和单边措施。

公 开 关 注

公开关注是最基本的警戒性守护。大多数情况下的家长都处于这一水平,因为公开的关注既保证了孩子的独立性,又提高了家长的在场感。家长保持公开关注就是对正在发生的事情表现出兴趣,睁大眼睛,跟随变化,但不过分打探细节,也不做干预。通过保持有尊重感的距离,家长向孩子传达的信息是:"你是被信任的,是可以独立行动的。"通过行为表达对孩子持续的积极关注和兴趣,表现出他们在时刻关注孩子,可以让孩子感受到父母亲的陪伴。每一位家长都可以通过培养以下技能来提高公开关注的能力。

维护常规的聚会场景

"家长在场"主要出现在日常生活的一系列场所中，例如家庭用餐的时候。现代生活的动荡带来的一个常见问题是一家人在一起的基本活动（比如一起吃饭）正逐渐减少。有无数的原因侵蚀着家庭用餐这一常规，如家长工作太忙无法按时回家吃饭，孩子因社交活动、电视节目或电脑游戏等缺席家庭用餐。渐渐地，家庭成员养成了一些习惯，比如自己从冰箱里拿出食物独自享用，或者把食物拿到自己的房间里坐在电脑前边看边吃。这些习惯不仅破坏了健康饮食习惯，还破坏了家庭规矩。家庭聚餐一直都是一个家庭良好运作的标志。这么说是有充分理由的。事实证明，那些能够全家人每周一起用餐几次的家庭，犯罪和滥用药物的情况要少得多。家庭聚餐强化了孩子心中的家长在场感。这种在场感的增加不仅发生在用餐期间，也发生在用餐之前，因为孩子知道，在某个特定的时间，他们一家人就会一起坐在餐桌前。这种心理上的在场感有助于增强孩子抵御各种诱惑的能力。孩子们知道有人等着他们，就是在提醒他们，父母亲关心着他们。一起用餐非常重要，哪怕不能做到每个人都按时回家一起吃饭，即使只有两个家庭成员坐在一起用餐也会增加归属感。明白吃饭应该在餐桌上完成，而不是在卧室或者屏幕前进行，也能够帮助孩子增强免疫、抵抗如今常见的退化过程。养成在自己的房间里独自用餐习惯的青少年往往会陷入自我忽视的漩涡。另一方面，坚决反对在卧室里吃东西这一坏习惯的家长，也是在重建孩子的好习惯并重塑家长的身份。

家庭用餐并不是维持家庭常规的唯一活动。任何能够为家长和孩子之间或家庭成员之间创造交流和接触机会的习惯做法，例如一起去看望祖父母、家庭度假、旅行，所有这些都能增强孩子的归属感，加强家长的在场感，并为警戒性守护奠定基础。

另一个能够让家长保持公开关注的做法是，养成找机会陪伴孩子的习惯，无论他们去哪里，比如开车送他们去朋友家、聚会或晚上外出。开车不仅是提供一种家长的服务，也是在创造一种家长在场的感觉。一个十几岁女孩的父亲坦率地告诉她："开车送你去见朋友对我很重要。我是信任你的，但是如果我知道你在哪里，我会更放心！"

这位父亲的做法显示出，他对保持警戒性守护并不感到羞耻。所有家长都可以问自己一些问题，看看自己与孩子之间是否保持了有效的日常联系：

- 我是否能够保证举办一些家庭集体活动，如一起用餐、探望祖父母、度假、旅行或休闲活动？
- 我是否坚持让我的孩子参加这些家庭集体活动？
- 我们的家庭氛围是否因为我们的工作或家庭成员的各奔东西而受到侵蚀？
- 家里的每个人是否在自己的空间里花费了太多的时间，而在家庭共享空间的出现频率有所减少？
- 我和我的孩子是否有日常的接触场景？

一位家长通过恢复曾经的家庭集体活动而重新找回了家长的身份。

罗恩是个离异的父亲，女儿凯伦 13 岁。罗恩回忆说，失去工作后他曾有过一段抑郁的时间，并因为身体不适而减少了家庭聚会，后来他又恢复了家庭聚会的常规。他的女儿凯伦是《星球大战》的铁杆粉丝。有一次，她问父亲："为什么你突然开始要求我每顿饭都跟你一起吃，还要我每次都来参加跟祖父母及叔叔的聚会？"

罗恩回答说："因为一年前我们一起看的《绝地归来》（The Return of the Jedi）鼓舞了我。它提醒我，即使是那些被认为消失了的人，都可以卷土重来！我也一样，可以在经历一段困难时期后再次归来，那段时间我确实有些不知道该怎么办。"凯伦走到父亲跟前，热情地拥抱了他。

接触孩子身边的人

隐私的不可侵犯原则已经占据了我们的生活，以至于我们有时羞于与孩子的朋友交谈，羞于了解他们，不好意思与他们进行简单的交谈。许多青少年看到父母亲与自己的朋友闲聊会感到"尴尬"，会怒视家长。而家长则会很知趣地退却，因为"让自己的孩子难堪"是他们最不想做的事情。然而，家长的恐惧和羞耻不仅没有道理，而且是有害的。了解孩子们的朋友是我们的责任。至少，家长应该知道这些朋友的名字，并在必要时向他们提问或提出要求。了解他们的家庭住址也很有帮助。作为家长，想要在联系名单上留下几个电话号码并不过分。家长们问，这样做是否意味着他们没有 100% 地信任自己的孩子？事实上，百分之百的信任并不是一个好主意。孩子们在少一点信任的情况下可以成长得更好。每个孩子都会从家长的信任中受益，但绝不是盲目的信任，而是基于现实的信任。

为了坚守了解孩子朋友的权利，家长可以对自己或孩子说一些这样的话：

"我有责任知道你跟谁在一起！"

"认识你的朋友对我来说很重要。他们是你生活中重要的一部分，所以他们也是我生活中重要的一部分！"

"每个来到我家里的人都是我的客人！我不会成为任何来访者的陌生人！"

"你的朋友到来的时候，我会亲自欢迎他们。如果他们留在这里玩耍，我可以为他们提供点心！"

这些陈述有助于避免孩子把他们的朋友当作家长的禁区。事实上，当孩子对家长说"这不关你的事"时，这就是一个需要加强监管的警报信号。询问孩子（和老师），谁是他们在学校的朋友，能够为家长保持适当的警戒性守护提供一个切入点。

学校的开放日和 PTA（家长教师协会）会议都是很好的交流机会。家长日也是一个扩大联系网络的好机会，可以增加一些同学家长的联系方式。家长们通常很少会拒绝这样的请求："我知道你的女儿瑞吉和我的女儿多萝西经常在一起玩耍。这是我的电话号码。我可以留您的电话号码吗？需要的时候我们可以电话联络。"

当家长勇于摆脱自我孤立的倾向时，他们会很快发现，其他家长也很愿意甚至渴望与他们接触。作为有责任感并保持警觉的家长，通过"走出来"，其实也是在帮助其他人这么做。

与孩子身边的其他许多人建立起联系的家长提高了他们发现危险迹象及早期干预、防止负向发展的能力。相比之下，与孩子周围的人际关系脱节的家长视野必然是有限的。有些家长可能不愿意向他人求助去了解孩子的情况。他们可能会认为这样做是他们和孩子之间没有信任感的表现，或者会担心建立这样的联络网就是建立了监控孩子的"雷达网络"。我们需要记住的是，你与孩子身边的人建立联系这件事是公开的。家长要公开地告诉你的孩子："我需要知道谁是你的朋友！""我要知道你在学校都发生了什么事！"

一些家长说："我不需要其他人，因为如果我的孩子发生了什么不好的事，我一定会马上知道！"这是一个很傲慢的姿态。要知道，即使是最敏感的家长有时也会惊讶地发现，他们居然没有注意到孩子身上正在发生的一些事。

公 开 对 话

有效的警戒性守护的最佳手段之一是与孩子进行公开和直接的对话。家长跟孩子进行这种对话的能力参差不齐，但有一些基本原则可以帮助家长提高对话的能力。

　　第一个原则是，让对话在良好的氛围中展开比设法从孩子身上获取信息更为重要。这么说有几个原因。如果家长有机会和孩子讨论生活中可能出现麻烦的某个方面，那么当这种麻烦真的出现时，孩子的脑海中会更有可能想到家长。例如，如果家长和孩子一起谈论他们的聚会，家长可以问问孩子，要是有人给他们提供酒精或毒品，他们会怎么做。那么如果真的发生了这种情况，孩子就有可能想起家长以及他们的这些谈话。这种心理陪伴是保护孩子不受诱惑的最好方法之一。此外，在良好的氛围中进行对话会增加孩子在遇到麻烦时主动向家长寻求帮助的机会。

　　第二个原则是，为了营造积极的氛围，跟孩子进行有意义的对话，家长必须避免说教意味，避免愤怒的情绪或质问的口吻。即使家长的立场是合理的，说教也会产生负面影响。"家长的说教"与"用有效的方式表达家长的立场"有什么区别呢？说教的特点是重复和带有攻击性的语气，经常面对说教的孩子会慢慢形成对说教的免疫力。

　　愤怒和威胁是公开对话的一大障碍。家长们都很清楚这一点。当家长被问到，为什么他们的孩子不跟他们分享遇到的问题时，他们回答："因为他们害怕我会生气！"

　　那么，当家长发现孩子有问题行为时该如何反应呢？毕竟，家长不是一个饱经训练的心理学家，他们不可能像这些心理学家一样，即使听到最令人震惊的披露，也能保持客观的克制，用善解人意的点头理解做出反应。尽管如此，家长依然可以改善他们的反应，例如将"趁冷打铁"的原则内化！当家长发现孩子卷入了一些有麻烦的事情时，一种可能的反应是："听到你告诉我的这些，真的很难消化。我需要先自我消化一下，想想该怎么办，然后我们再讨论。"

令人惊讶的是，这样的反应比起家长直接表达震惊带来的影响要大很多，更别说震惊中带着愤怒和威胁的表达了。但家长也是人，不能指望他们在目瞪口呆的时候严格按照教科书的流程去反应。幸运的是，即使是已经做出激烈的第一反应的家长，也可以改善和纠正自己的反应，增加在未来进行建设性对话的机会。例如，家长可以回到孩子身边说："当我听到你所做的事情时，忍不住对你大喊大叫，是因为我当时感到太惊讶和震惊了。但是，现在我想用一种不一样的心态来谈论这件事。现在，我们安静地坐下来，看看怎么能够防止这种事情再次发生！"用这种方式可以重新开启因家长的暴怒而关闭的话题。

与孩子展开对话的另一个障碍是使用质问的口吻，即试图从孩子身上提取有罪信息或供词。质问往往会导致相反的反应：孩子会坚定地否认，坚决避免向家长提供任何他想要得到的信息或供词。跟孩子讲道理时也一样，建设性对话的关键是保持合适的口吻，要避免攻击性的重复或高声要求披露真相。如果在谈话中发现了问题行为的明显迹象，家长可以告诉孩子，"你可以想想，怎么告诉我所发生的这一切。但是不用着急。我希望我们双方都能先冷静下来，今晚找个时间再谈。"

之后，当双方感到都能心平气和地对话时，家长再跟孩子一起坐下来："我们现在重新谈谈这件事吧。告诉我，到底发生了什么，看看我们是否能一起找出解决这个问题的最佳方法。"如果孩子坚持不肯说出发生了什么，家长可以说："很遗憾你不想告诉我。我已经知道了我该知道的部分，我会采取相应的行动。我会加强监督，从现在开始我会更密切地关注你的生活和活动。"

第三个原则是，创建一个舒适的氛围，这有助于促成建设性的对话。很重要的一点是，记得为谈话留出合适的时间，并找到合适的地方。提前告知也会很有帮助，例如："我想和你谈谈去大西洋城旅行的事。这是你第一次跟朋友们单独旅行，有一些重要的问题我想先跟你聊聊。我建议今晚你的篮球训练回来后，我们在客厅里谈谈。"家长提前告知，并确定好时间和地点的做法创造了良好的开始。相比之下，试图进行仓促谈话或在情绪激动时的谈话注定会失败。

家长发起对话的主要目标之一是为可能出现问题的情况（如聚会、与朋友旅行或接触有害物质）创建一个共享脚本。家长应该提前为这些对话做好准备。一个不错的做法是，父母双方先做一个初步对话以达成共同立场。当家长能够就给出的信息达成共识，孩子就更有可能做出积极的回应。与孩子的谈话应该用直接的陈述开始，例如："我想和你谈谈香烟（或色情、毒品、无保护的性行为等）的问题，如果有人为你提供它们，或者你有机会接触到它们，你觉得你会怎么反应呢？"如果孩子是乐于合作的，谈话的目标应该是跟孩子一起创建一个共同脚本，例如，家长和孩子一起设想一种面对诱惑或社交压力的情况，试图想出一个理想的反应。

然而，很多的时候孩子并不那么合作，或者只是带着些许恼怒或轻蔑地回应家长："哦，妈妈，我知道该怎么保护自己！"如果发生了这样被拒绝的情况，还是要试图让谈话有个积极的效果。你可以对孩子说："我很高兴听到你知道如何保护自己，但重要的是我要告诉你，我和你爸爸对这件事的看法。"如果孩子愿意倾听，家长可以简单地告诉他你自己的立场和担忧。如果孩子仍然拒绝，家长可以对孩子说："我们还没有结束这场对话。我不想在不好的氛围中谈论这个话题。我会继续寻找解决方案，找机会把这个话题谈清楚。"

另外一个确保有效传达家长立场的方法是借助于支持者的帮助。例如，祖父、叔叔或家长的朋友可以邀请孩子谈话，聊一聊家长的期望和他们所关心的话题。如果孩子拒绝跟家长直接对话，不要勉强。请求支持者的帮助，就相关话题跟孩子进行良好的对话可以作为首选替代方案。

聚焦于关注

当有迹象表明孩子遇到了麻烦的时候，比如逃学、夜不归宿、撒谎或结交了让人不安的新朋友，家长仅仅保持公开关注是远远不够的，必须提高警戒守护的级别，严密检查有问题的部分。切记：要敢于公开地、堂堂正正地行动。要让孩子认识到，父母亲正在更密切地监督着他们，并且知道为什么父母亲感到有必要这样做。

扎拉是以利（13岁）的母亲，一年前与查姆离婚。离婚后，她带着以利搬到了另一个城市，以利在那里结交了新朋友。以利和离异的母亲住在一起，父亲每周来看望他两次。为了让以利更容易适应新环境，扎拉给了他比以往更多的自由。以利是一个非常善于社交的男孩，他开始学着适应新环境，很快就和附近的孩子们交上了朋友。

慢慢地，令人担忧的迹象出现了。他开始晚回家，并总是闪烁其词。

扎拉尝试着在友好的气氛中跟他展开一些坦率的对话，但情况并没有改善。当发现以利在和朋友们约会的事情上对她撒了谎之后，扎拉觉得该进一步加强监督了。

她首先与查姆沟通。扎拉很高兴地发现，查姆愿意支持她，尽管查姆总是倾向于给以利更多的自由。当以利来到父亲的新家时，他惊讶地发现母亲也被邀请来到了这里。父母亲和以利在客厅里坐了下来，母亲扎拉开口说道："最近有几次你回家很晚，有一次你还对我撒了谎。我和你爸爸谈过这些，我们觉得，可能是新的生活把我们都搞乱了。我们决定做些调整，把事情重新安顿一下。从现在起，每天晚上我都会向你询问第二天的计划。我会问你要去哪里、做什么、跟谁一起去。我会跟你要你朋友的名字和电话号码。我需要定期向你爸爸汇报情况。"

以利提出抗议，他不愿意提供朋友的详细情况。查姆此前已经跟扎拉沟通过了，他对以利说："这只是一个很小的请求。如果一切都好，没有问题，你妈妈是不会打扰你或其他任何人的。但是如果发生了什么让人担心的事，我们就会打电话给任何能够帮助我们的人。"

以利对他父母之间的协调一致感到非常惊讶。这表明他已经越过了他们的红线。在接下来的几周里，新的要求开始得到执行。

向孩子宣布，家长将会在他以后的每次外出时向他询问信息——跟谁、做什么、在哪里、何时——是向"聚焦关注"的警戒性守护过渡的核心。一些家长对提问过程感到不安，认为这偏离了他们更愿意保持的公开对话的氛围。这可能会让他们感到不舒服，无法做到坦然地提出问题。这种不适意味着家长不能从心里认可密切监督的做法，他们觉得这意味着不信任。因此，很重要的一点是，家长需要理解，要求孩子提供这些简单的信息（跟谁、做什么、在哪里以及何时）是很起码的要求。毕竟，我们面对的是那些已经开始"伪造"信息或发出令人担忧的信号的孩子。在这种情况下，询问那些重点问题是有必要的。如果家长们能够理解到，要求孩子提供这些简单和基本的信息是一件重要的工作，就能带着内心的平静去做这件事。正是愿意去问，才能就信任问题得到最好的回答。此刻，家长对孩子的信任则是基于现实的信任，而不是盲目的信任。孩子们只能从合理的信任中受益。盲目的信任会伤害孩子两次：第一次，这种信任会使他们受到不必要的诱惑；第二次，当孩子失信于家长给予他们的完全（和盲目）信任时，家长会感到双倍的失望。因此盲目信任既增加了风险，又可能导致关系恶化。

家长们经常问："如果孩子拒绝回答，该怎么办？"我们的回答包含两部分：首先，只要家长坚持询问，绝大多数的孩子都会回答，即使不是那么心甘情愿。其次，如果孩子仍然拒绝回答，家长可以平静但有力地说："那么，你不能出去。"

这句简单的表述令很多家长费解，他们不知道自己如何才能做到。其实，家长反对孩子外出可分为三步：1，家长告知孩子外出的限制；2，家长不给孩子零花钱（不只是外出当天不给钱，是完全不给）；3，如果即使被告知禁止外出、拒绝给钱，孩子仍坚持外出，家长就会去寻找孩子。如果孩子挑衅地说。"不管怎样，我都要出去！"此时，很重要的一点是，你要跟孩子解释："我们不能用武力阻止你。但如果你出去了，我们肯定会去找你。我们绝不会放弃你！"

当家长针对孩子在学校的表现把监督水平提高到"聚焦关注"级别时，他们一定会询问孩子的家庭作业、考试和出勤情况。家长不仅与班主任保持联系，还要与其他科任老师、课后辅导老师和辅导员保持联系。让孩子意识到，家长能够发现孩子在行为方面的任何变化。提高监督水平是"家长在场"的一个步骤，将父母亲从之前的消失状态中复活出来。在经历了一段暗淡的时光后，孩子会感受到"家长的回归"。我们想强调的是，即使孩子显得很抗拒，他们的内心深处也是欢迎这种改变的。喜欢冒险的孩子需要安全网。当家长反身对孩子开始监督时，就将孩子从独自行走在深渊边缘的感觉中解救了出来。

单 边 措 施

最高级别的监督是采取措施解救孩子，以保护他们免受任何纠缠或伤害。这一级别的家长不再满足于谈话，而是要切实采取行动。例如，他们给"电话树"里的孩子们打电话，亲自去到孩子所在之处，不允许孩子接触那些可能造成伤害的东西（如汽车或信用卡），在某些情况下还会限制孩子的个人权利。家长在这一监督级别上的活动与孩子是否同意无关。即使孩子拒绝，家长也会采取这些措施。理由是显而易见的：家长正在采取行动营救他们的孩子。

"电话树"

当孩子失踪或拒绝按时回家时，家长有意愿打电话给孩子身边的一些相关人员，会深刻地改变家长的地位、学识水平以及让孩子感到被监督的能力。家长们把孩子朋友的电话号码制作成一个大大的"电话树"的过程，经历的是一场火的洗礼，这一行动为他们注入了力量和勇气。一些曾经对他们来说不可能发生的事开始变得可能。为了测试是否适合开始准备这项工作，家长可以尝试回答以下的问题：

- 我的孩子有对我撒谎吗？

- 我的孩子最近对我有隐瞒任何行为吗？

- 我的孩子是否试图阻止我认识他的朋友？

- 我的孩子是否会长时间联系不上，或者晚上经常外出而不向我报告？

- 我最近是否发现了孩子与他的朋友在一起消遣的令人担忧的信号？

如果对这些问题的回答是肯定的，就表明你的孩子正在试图进入家长不允许他们进入的领域。这种愿望有时候是合法的，比如当涉及亲密关系的时候。但跟朋友混迹在不可接受的时间段或地点的行为则不属于这一类。家长们需要在这方面随时跟踪并掌握情况。孩子试图甩掉家长就是一个明显的警报信号。

"电话树"算不算是一种夸张的措施？是否只建议用在那些已经陷入严重麻烦的孩子身上？我们的估计是，至少有一半的家长只要用过一次"电话树"就会从中获益。那些经历过使用"电话树"的过程的家长改变了自己，提升了他们的能力以及他们的状态。他们重新获得了家长的主动权，不再是被忽视的家长。因此，我们认为，准备和使用"电话树"是一种行为，即使是一般的家长也应该尝试，而不仅仅是那些陷入严重麻烦的孩子的家长。

在"电话树"的使用中，家长要给尽可能多的孩子的朋友打电话，与他们交谈，并要求与他们的爸爸或妈妈进行交谈。许多家长对此感觉很惊讶，他们不明白，如果自己可以通过手机直接与自己的孩子取得联系，为什么还要这样做。当然，家长可以先给自己的孩子打电话，问他在哪里，为什么还没有回来。如果孩子能够接听电话并愿意马上回来或让家长去接他们，自然没有必要给其他孩子打电话。但如果孩子拒绝接听电话、反驳、顶撞、提供模糊信息或以各种借口拒绝家长的要求，家长就可以说："我不能接受你的做法；如果你不遵守协议，我有责任采取行动。"

　　家长可以等待孩子的回应，再给孩子一个机会去结束未获批准的活动。一些家长说，这样一来，接下来很可能就不需要使用"电话树"了。是的，这正是准备"电话树"的好处。如果家长心里知道自己接下来还可以采取什么措施，就会展示出一种无声的决心，这种决心比事先没有准备、只是空洞地威胁着要采取措施更有说服力。事实上，那些没有准备好却口口声声威胁着要采取措施的家长往往在后期应对得很糟糕，例如大喊大叫、威胁、说教或实施严厉惩罚，这些只会使情况变得更糟。提前做好准备是自我控制的最好保证。看到家长意志坚定、有良好的自我控制，与感到家长陷入冲动的情绪相比，孩子们的反应大不相同。因此，即使家长实际上不需要打电话，准备好"电话树"也能为完美解决这类棘手问题提供最好的可能性。

　　收集信息的过程本身也是为家长积蓄力量的过程，令家长时刻掌握情况，运筹帷幄。收集信息的方法有几种。最基本的方法就是简单地跟孩子说："我需要知道你朋友的名字和电话号码。你能把它们给我吗？"

　　对许多家长来说，这个简单的问题也是一个无法克服的障碍。家长们感到不自在，因为他们觉得向孩子索要这些信息是有侵犯性的，或者，担心会被孩子拒绝。但这也正是为什么这个准备如此重要的原因。它鼓励家长们审视自己，直面那些严重限制他们为人父母的恐惧。如果家长逃避这样简单的动作，他们就有可能放弃自己的监护权，任由孩子独自面对那些诱惑和可疑的影响。

另一种方法是使用班级名录或其他联络簿。有时，家长们不得不联系学校、其他家长或学校辅导员去获得更多的联络信息。这些行为属于家长的权利，意义重大。家长也可以在学校的活动中直接向曾经到访过自己家的同学或其他家长提出请求，只是一个简单的请求："您能告诉我您的手机号吗？我保证不会轻易打扰您，除非在必要的时候。"这是"家长在场"的一个基本动作，那些克服了最初的不适、敢于向孩子身边的其他同学或学生家长索要联系方式的家长拥有了监督的能力和勇气。

一个有价值的"电话树"应该包括许多孩子和成年人的电话号码。一个"电话树"里有 20 个以上联络人的情形并不少见。使用"电话树"的目的不一定是让孩子立即回家，重要的是展现出坚定的在场感。比如，如果要给不熟悉的人打电话，感觉时间太晚了，也可以第二天再打。在这种情况下，家长可以告诉对方："我儿子昨晚联系不上了，今天凌晨才回家。这让我很担心！所以我给您和其他跟我儿子有联络的人打了电话。如果您能给我一两分钟的时间聊一聊，我会非常感激！"

在每次谈话中，家长都要表明自己的身份，说出打电话的原因，然后请对方帮一个很小的忙。例如："我很担心我女儿，她没有回家，我不知道她在哪里。您能帮我一下吗？"说完这段话后，家长们可以试着做一个简短的交谈。如果对方是一个经常能见到自己孩子的人，比如是孩子的同学，家长可以加上一个请求——我们称之为"百万美元的请求"："我想请你帮个小忙。明天你见到我女儿时，能否转告她，我因为担心她给你打过电话吗？"

经验表明，大约一半的孩子都会转告你的孩子："你的父母打电话给我了（哪怕是为了嘲笑他）……"这些信息对"家长在场"有着深远的意义。家长实际上是在向他们的孩子显示："我们在这里，我们在那里，我们无处不在。"这是警戒性守护的核心：向孩子证明家长不会放弃孩子。

与名单上的孩子结束电话后，最好让他的父母亲接一下电话。这么做的目的是与孩子社交圈中至少部分孩子的家长取得联络。这种联络非常重要，以后可能用得上。很重要的一点是，你要在电话里向其他家长解释，之所以打这个电话是出于家长的责任，是因为对目前状况的深切关注。这样的解释往往会引发对方的积极反应。如果对方家长的回应足够积极和令人鼓舞，就值得尝试安排一次见面。家长之间通过"电话树"的联络结成联盟，有时会在保护子女方面带来重大收益。我们曾经处理过两个案例，一个案例中的家长们用这种方式创建了家长团体，粉碎了在学校胡作非为的毒品分销网络，另一个案例中的家长联盟终结了那个已经成为整个七年级学生群体常态的饮酒派对。

许多家长告诉我们，"电话树"的使用改变了他们和孩子的生活。有一个男孩（14 岁）陷入了困境，他的父母亲告诉我们："如果当初我们在大女儿陷入困境的时候能意识到这种可能性，一切都会不一样！不过，也许还不算太晚！"

家长的任务并非止于呼叫"电话树"上的电话，还必须做好准备去应对接踵而来的结果。当孩子发现他的父母亲给他的朋友打过电话后，冲突几乎是不可避免的。同样，家长需要事先做好应对的准备，因为准备过程本身可以增强家长的力量。发现家长使用"电话树"的孩子可能会有暴怒的反应，因为家长的行为打破了青少年价值体系中的一个神圣禁忌："你们绝不可以给我的朋友打电话。"当家长敢于违反这一禁忌时，就是在告诉孩子："你对我们来说太重要了。当你遇到麻烦时，我们肯定不能坐视不管！"通过这样的行为，家长们重新找回了自己的家长身份。一些家长使用"电话树"打电话后感到非常自豪。这确实是一个相当大的进步。有过这种经历的家长是不会轻易让步的，即使他们的孩子不依不饶地抗议。

使用"电话树"之后，家长的目标是避免在孩子的攻击下升级冲突。最好的初始反应是平静地接受孩子的狂怒情绪。家长可以在孩子停止叫喊后简单而平静地说道："我们并不想给任何人打电话。如果你能告诉我们你在哪里并准时回家，我们就不必打这样的电话。"

一定要避免使用威胁或说教的口气。如果孩子还是不断地攻击和威胁，家长要保持冷静，平静地告诉孩子："如果你不愿意满足我的简单要求，那么我别无选择，我必须做一个有爱心和负责任的家长。"

此时，单方面结束交谈是明智的选择，不必指望孩子同意你的做法。使用"电话树"是家长采取的必要的单边措施，旨在保护孩子免受危险。这是家长的义务，没有任何保护隐私的社会规范凌驾于这一义务之上。

准备好以这种方式面对冲突的家长可以很好地表现出克制和自

制。在我们所经手的案例中，所有做好准备的家长都能够成功地避免冲突升级。谈话有时可能会以孩子砰的一声关上房门而结束，但家长们都守住了自己的立场。

不要指望孩子在一两轮这样的电话呼叫后就会轻易归队。大多数孩子只会逐渐和部分地发生改变。

然而，家长自身却发生了深刻的变化。"电话树"的方法给了家长一种以前从没想过的选项。这一串密集的呼叫深刻地改变了滋养问题行为的生态环境。孩子现在面对的不再是惶恐不安、不知所措的家长，而是坚定、自信的家长。家长的自控力是会传染的。孩子很难对那些平静地坚守自己立场的家长大喊大叫。慢慢地，他们开始欣赏自己的父母。现在，孩子面对的不再是歇斯底里的或可以视而不见的家长，而是准备好了、有责任心并全力以赴的家长。孩子们还发现，他们的父母拥有了合法性，并获得了广泛的支持。自从孩子的问题行为出现以来，这些都是全新的状况。这样的干预措施对孩子的影响是渐进的，却是安全的：许多研究证明，这样做可以系统性地降低出错的风险水平。

在现场出现

家长愿意到孩子们常去的地方或者有可能出状况的不同的聚会地点，就是在向孩子表达家长强烈的担心、关心以及勇气，尤其明显的是当家长前来解救处于困境中的孩子时，例如，如果孩子因为酗酒或吸毒而被关进警察局，或因暴力行为被留在学校。家长首先应该向孩子和孩子身边的人表达关心。愤怒、威胁、惩罚或试图对孩子动手的做法都是非常有害的。正确的反应是冷静而克制，并表现出愿意采取必要措施防止此类事件再次发生的意愿。家长要传递的信息是："我在这里是为了帮助我的孩子，防止这种情况再发生。"这一立场体现了警戒性守护的本质：保护和预防。这样的关心让家长站在了孩子一边。坚定的警戒性守护让家长把风险挡在了孩子的身后。

此时此刻，我们给家长的主要忠告是：对孩子所处的困境表达最真诚的关切，但是也要尊重孩子周围的其他人，倾听他们的意见。最重要的是，控制住自己！现在不是管教孩子的时候，更不能责骂别人。

如果家长能够遵循这些指导原则，他们在现场的出现可能会成为一个强有力的事件，改变他们的状态、他们与孩子周遭环境的关系以及孩子的风险级别。这里有两个小案例：

（1）一个男孩（11岁）告诉他的父母，他决定要在朋友家过夜，尽管他的父母要求他晚上9点必须回家。男孩的父亲打电话给这位朋友的母亲，告诉她，他们允许儿子去她家玩耍，但不允许他在那里过夜。他说，他最近有些担心，因为他的儿子已经开始出现晚归的情况了，作为家长有时候都不知道他在哪里。他告诉儿子朋友的母亲，他马上就会来接儿子回家。当这位父亲到达儿子朋友家的时候，他告诉对方，他可以允许他的儿子以后在这里过夜，但这次不行，因为他没有事先得到许可。后来，父母亲与儿子坐下来一起讨论了怎样才能获得在朋友家过夜的许可。父母亲强调说，他们不会接受任何试图以既成事实来逼迫他们妥协的企图。

（2）一位母亲发现她的女儿（12岁）对她撒了谎。女儿说，她要去朋友家做作业，结果是她和几个朋友约好了一起去看电影，而这个电影是母亲禁止她看的，因为母亲认为这个电影不适合她这个年龄段的孩子观看。这位母亲打电话给女儿其中一位朋友的母亲，知道了女孩们看电影的影院。她当即来到电影院，和管理人员做了交涉，说明她的女儿未经家长的许可正在这里看电影。母亲很礼貌地跟管理人员解释道，她是出于对女儿的关心而来的。管理人员主动提出陪她进入放映厅。母亲找到了女儿，把她从放映厅里拉了出来。在回家的路上，母亲告诉她："我现在不想和你谈论这些，因为我们俩现在都不冷静。今天晚上我们可以找时间谈一谈。我们需要找到一种方法，防止这样的事情再次发生！"

这两个案例的处理原则是一致的：家长亲自来到问题行为发生的现场，或直接与孩子周围的人接触。在这两个案例中，家长们用行动表明了加强监督的态度。传统的惩罚措施，比如禁足、没收手机或不许看电视，对情况的改善并无帮助。然而，对许多孩子来说，监督本身就是一种惩罚，可能是处于危险中的孩子经历的最好的和最慷慨的"惩罚"。

结　　论

　　警戒性守护是家长通过不断提升参与度所呈现出的一种立场：对孩子的事情表现出兴趣、建立联络关系网、质疑、检查和干预。警戒性守护的程度取决于家长收到的警报信号。因此，当一切进展顺利时，家长就可以减少监督，给孩子以最大的自由空间，从而安全地促进孩子更多的独立性。在这种情况下，孩子会发展出积极的社交生活，建立正确的时间观念，并培养出责任感。当令人担忧的迹象开始出现时，家长可以直言不讳地向孩子提出问题。用这样的方式让孩子感觉到家长跟孩子在一起，参与着孩子的生活。当孩子已经深陷困境时，家长将展开积极的干预。一种做法是家长打电话给孩子身边的每个人，抵制问题行为而不升级冲突；必要时，家长亲自来到孩子所在的任何地方。无数研究证明，家长的警戒性守护是降低孩子出现问题风险的关键。[1] 警戒性守护是通过传递一种持续性心理在场的体验而发挥作用的：孩子们觉得他们在父母亲的心里，父母亲也会在他们的心里。这会创造一种时时陪伴的体验，即使家长不在身边。最佳状况是，孩子将家长的这种警戒性守护内化，发展出自我警戒。

---

[1]　See Omer, Satran and Dritter (ibid.) for a review.

小　贴　士

- 创建与孩子的日常接触的场景，与他们一起共度时光，如吃饭、开车、共享活动。

- 与孩子身边的其他人建立联络。知道孩子的朋友，并确保这些人知道你。与老师、教练和其他孩子的家长保持联络。

- 针对可能发生问题的议题展开简单而直接的对话非常重要。跟孩子谈论香烟、酒精、色情、无保护的性行为以及电脑或手机的不当使用方式等议题。即使并没有证据显示孩子出了问题，这些谈话也是有意义的，因为它增加了家长的在场感。

- 不要刺探！不要偷看孩子的手机！要敢于公开监督！

- 警戒性守护不同于焦虑或侵入性的家长行为。在没有危险迹象的情况下，对孩子的监管应降低到公开关注的水平，而不应提升到更严苛的水平。

- 提升警戒性守护的最佳方式是正式告知孩子，根据所发生的令人关注的事件，向他提出一些问题，并开始密切关注事件的动向。

- 提高警戒性守护的级别不同于惩罚，但是比任何惩罚都更有效。

- 为了更好地实施监督，请与支持者保持联络。你与他们的联络越多，你的监督就越具有合法性，也更有效。

- 学习制作和使用"电话树"。没有什么比"电话树"更能强化你的家长地位的了。

- 不要因为孩子抗议或因为他们声称你侵犯了他们的隐私而感到不安。面对发现的问题，你有必要减少他们的隐私权。

- 孩子的房间不是万圣之所。当孩子危险地使用他的房间时，你有责任进去检查。把你的决定告诉他，即使不通知他们你进到房间检查的确切时间。

- 当孩子们改善了他们的行为时，告诉他们，你对他的信任度已经提高了，然后可以减少相应的监督。

- 提升警戒性守护的级别有时会让人感到不舒服或尴尬。提醒自己，这是你为人父母的重要部分。

- 许多孩子会使用"隐私"或"羞耻"等字眼来阻止你进行监督。冷静地倾听他们的声音，坚持你作为家长保护孩子的权利。

- 警戒性守护不是控制，它是帮助孩子发展自我控制的关键。

第五章

爱 的 边 界

　　设定边界是养育孩子的常用术语。事实上，孩子们必须知道哪些界限是不允许跨越的。但有效的限制不仅仅是靠处罚撑起的匿名禁令。孩子必须感受到，在每一个限制背后都有一个有爱心、有责任心的人，由此可以让孩子体验到爱的边界。如果小孩子靠近禁区，在他听到家长以警告的语气说出"不！"的时候，他不仅感受到了那个禁令，还感受到了提出禁令的那个人的存在。这一点在他们目光相遇之时是不言而喻的，它的影响可以持续很长一段时间。这是一个重要的时刻，孩子会在这一刻考虑是否接受这个禁令。接受限制的孩子们会开始将其内化。如果这个孩子继续朝着禁区移动，施加限制的过程就要继续。例如，家长可能要把孩子从禁区抱走。此刻，孩子不仅被限制着，还被家长抱着。这就是"爱的边界"的秘密：家长就是那个边界。家长不仅仅在为孩子"设定边界"，他们自己就是那个边界。

　　限制的体验是双向的：不仅孩子能感受到并需要限制，家长也是一样。对家长来说，设定边界意味着"我站在这里！"，设定边界就像是在海底固定了一个锚。当家长发现了他们自己的边界，或是找到了自己坚定的立场时，就不再感到困惑或烦恼了。这一点可在家庭日常生活中清晰可见。如果家长决定他们家每天晚7点都要一起坐下来吃饭，那么他就在家庭生活中创建了一个清晰且稳定的支点，开始为每个人提供规则感和归属感。

在边界与权力斗争之间

陷入权力斗争会产生愤怒、疲惫和徒劳重复的体验。从这个意义上说，权力斗争与有意义的边界是完全相反的。权力斗争的典型迹象是：

- 权力斗争是一种"乒—乓"式的互动。例如，家长提要求，孩子拒绝，家长再提要求，孩子再拒绝…… 如此反复，直至筋疲力尽或精神崩溃。

- 在权力斗争中，家长寻求的是不容置疑的、即刻的服从。家长的基本陈述是"你要照我说的去做！"。

- 权力斗争有一种威胁感。家长的威胁感来自担心无法获胜而失去权威性，孩子感到威胁则是担心屈服带来羞辱。

- 即使家长在进入与孩子的权力斗争时明显占据优势地位，其结果也是双方的行为极为相似。难怪陷入权力斗争的家长被说成是"屈尊于孩子的水平"。

有意义的边界设定带来完全不同的体验：

- 家长不会对孩子说"你要照我说的去做！"，而是"我会照我说的去做！"。一种有效传达这一信息的方式是使用复数第一人称（"我们"）："我们会照我们说的去做！"

- 家长不会加入跟孩子的"乒—乓赛"，而是深呼吸，做好准备，坚守制定的边界。

- 家长摆脱了威胁感。他们明白家长的地位取决于他们做什么，而不是孩子的反应。

- 家长不再对孩子一遍遍地提出要求，不再期待孩子的自动服从，而是通过家长的坚持、相互支持和增强合法性来强化所设定的限制。

马克斯（2岁）的父亲谢泼德谈到了他与儿子的对峙。马克斯坐在儿童高脚椅上吃饭，谢泼德给他喂饭的时候，马克斯故意把一块面包扔到地板上。谢泼德说："不可以！"然后把面包放回到高脚椅的托盘里。马克斯拿起那片面包，又挑衅地把它扔了下去。谢泼德再次把面包放回到托盘里，向男孩挥动手指，眼睛瞪着他，重复他的警告。谢泼德说，他当时有一种感觉，如果没让儿子服从他的命令，可能就会在儿子的心里种下将来犯罪的种子。

幸运的是，一旁的母亲埃拉看到了这一幕。她抱起马克斯，分散了他的注意力，结束了权力斗争。

谢泼德对埃拉没有支持他感到失望。但是经过讨论，他们一致同意，如果这种情况再次发生，家长中的一方只需将马克斯从他的座位上抱下来就可以结束权力斗争。因此，二位共同设定了一个明确的限制："如果你把食物扔到地板上，我们就不会让你坐在桌子旁边！"

这个小例子说明了"权力斗争"与"建设性的边界"之间的区别。与徒劳的权力斗争不同，建设性的边界设定让家长确立了立场，找到了一致的应对方式，并聚焦在自己的行动上。

两种"不！"

有时候，家长觉得他们一直都在说"不！""够了！""住手！"。

唠叨—不（No-Chatter）

为了让人理解无休止地重复发出禁令有多么无效和令人疲惫，我们把这种禁令叫作"唠叨—不"。很多家长在结束了一天的生活之时感到烦躁、疲惫和声嘶力竭，尤其是那些与多动症儿童打交道的家长，因为要一遍遍地警告、要求和管教，更加感到疲惫和无奈。患有多动症的孩子需要不断的新刺激，他们的基本体验是持续不断的刺激，注意力很容易被分散，一会儿动动这个，一会儿动动那个，从不停歇。孩子们"舞曲"的副歌是"现在！""现在！""现在！"，而与这些孩子打交道的家长则反复喊着"不！""不！""不！"。家长的禁令和要求与孩子们不断刺激的噪音混合在一起，创造了一个充满尖叫体验的"旋转木马"。我们的目标是改变家长的"不"的副歌，并赋予它一个新的维度，不是加剧状况的恶化，而是去创造一个平衡和稳定的效果。我们希望把"唠叨—不"变成"锚定—不"。

锚定—不（No-Anchor）

"锚定—不"是设定边界，其特点是家长站在边界的后面，通过持续的关注、系统性跟进以及必要时动员支持者进行援助和加持，来坚持和落实所设定的边界。通过"锚定—不"，家长表现出意志坚定的抗压心理。自然地，家长在使用"锚定—不"时需三思而行，其使用次数应该大大少于"唠叨—不"。我们建议家长每周最多行使一次"锚定—不"。

有效实施"锚定—不"的第一阶段是提前确定所要关注的问题行为，不贸然行事，而是考虑周全、做好计划，再执行预先想好的方案。如果家长双方能够共同决定，效果会更好，例如："这周我们将关注早上起床后准备上学的过程中一直玩手机的坏习惯。"即使家长中的一方因为上班需要早走而无法在场，也要事先一起向孩子表明，这个关于手机的决定是两个人共同决定的。

实施"锚定—不"的第二个阶段是提前告诉孩子："我们决定早上不再允许你使用手机了，你只能在离开家去上学的时候打开手机！"如果孩子无视这一要求，并在第二天违反家长的决定擅自打开手机，在场的家长可以提醒孩子："我们不能接受你这样做。我会和你爸爸/妈妈讨论一下，看看如何处理你违反规定的行为。"到了晚上，家长中的一方（最好是另外一位）应该出面要求拿走孩子的手机，告诉他："明天早上你去上学的时候可以拿回去！"通常这个时候，孩子会觉得家长的限制是很难违反的，因为他看到了两位家长的相互配合和团结一致。

"锚定—不"与"唠叨—不"在以下几个方面有所不同：

- 这一做法只用在跟本周的限制议题相关的特殊场合。

- 不能像"唠叨—不"那样不假思索地贸然行事。

- 家长把他们决定执行的限制提前告知孩子。

- 如果孩子违反了限制，家长会告诉孩子，他们将考虑下一步怎么办，然后再回到议题上（趁冷打铁）。

- 家长不仅在那一周，而且在接下来的几周里都要坚持所设定的边界。在前一个限制成为习惯之前，最好不要跳转到新的议题上。

关于"锚定—不"的决定最好由两位家长共同做出。如果因为某种原因做不到，例如家长离异，则从其他家庭成员那里获得支持也是有帮助的，例如，让（外）祖父母跟孩子谈一谈，表示支持父亲（或母亲）对相关主题做出的决定。

战 略 纵 深

巩固"锚定—不"的做法使得建立起的边界有了战略纵深。以前的设定边界是表面的，是在激烈冲突的当下随机设定的，而现在是有计划、有记录、有备份方案和持续的。

制定"锚定—不"的策略会逐渐改变家长的整体行为，其影响远远超出设定限制本身。家长们感到自己更有掌控感了，更有计划、更协调，也更坚持了。

氛围的改变

孩子也开始感受到家长的改变。现在，孩子知道家长有能力制定另外一种"不"的规则。由于家长感觉到持续唠叨的无效，制定"锚定—不"的策略大大地减少了家长的"唠叨—不"。这种做法也改变了家庭的混乱感。过去，家里的噪音就是孩子冲动行为的产物（"现在！""现在！""现在！"），伴随着家长刺耳的回应（"不！""不！""不！"），而现在，这种状况已经不见了：孩子可能还会继续哼哼唧唧地说："现在！"……但家长的回应就像是一声长长的低音"不！"。这样的应对改变了家庭的氛围，也逐渐改变了孩子们的行为。

即使在极其困难的情况下，这一过程也被证明是有效的。家长用"锚定—不"设定边界的能力对家长的行为产生了积极的影响，大大减轻了他们的烦扰感，改善了孩子的问题行为。

发 布 声 明

"发布声明"是一个有设计的行为，作为一种仪式宣告某种新阶段的开启。很多节日和正式活动都有一些仪式，标志着过去状态的结束和新状态的开始，例如成人礼、受戒礼、婚礼、离婚、签约、毕业典礼等。在这些情况下，人们都会用一个特殊的事件来标志身份地位的改变，不仅有当事人在场，还有其他人在场见证这种变化。之所以营造这种庄重的氛围、引入见证人，其主要原因是希望有意识地划定一个边界，使所有参与者从此以不一样的方式或角度去思考、感受和行动。

许多家长会告知他们的孩子，他们对问题行为的处理对策发生了改变。但是他们的声明常常以失败告终，因为孩子们根本没把这样的声明当回事，他们已经习以为常了。让这些声明显得很无力的一个常见的解释是它们"没有牙齿"。一般的假设是：有制裁措施，则限制有效；没有制裁措施，所谓的限制则形同虚设。这其实是一种片面甚至是有害的理解。说它"片面"，是因为它忽略了设定边界法令的其他要素，例如清晰性、合法性和果断性；说它"有害"，是因为这种动不动就想到制裁的思维会很容易导致权力斗争的升级，有时甚至会失去合法性。

制　　裁

制裁可能会导致权力斗争的升级，因为"我要让你看看我的厉害"这样的声明与带有威胁的制裁相伴随，很容易引起对方的自发反应："我也想让你看看我的厉害！"这种做法为更大的权力斗争搭建了一个平台，双方都试图让对方先眨眼。制裁还可能导致合法性的丧失，因为大多数旧有的惩罚手段如今都不允许使用或不能被接受了。很多时候，不断升级的制裁让家长很容易地走到了武力解决问题的边缘，哪怕这并不是他们的初衷。惩罚让孩子越来越生气，甚至会爆发；而家长们则发现自己陷入了两难境地：要么看着孩子继续发作，要么用武力阻止他们。在许多情况下，家长也会震惊于自己"何以走到如此境地"。因此，只相信制裁反而破坏了家长的决心，加剧了他们的无助感。

然而，我们并不认为每一种惩罚都是不合法的。没有惩罚，任何社会都无法存续。但惩罚应该被明智地使用。例如，一所学校决定，如果学生在考试中作弊，将被取消考试资格，这就是在合法地使用惩罚。这种惩罚的目的不仅是改变违规学生的行为，而且是为所有学生制定规范。这样的惩罚对于任何制度的运作都是必要的。但即使惩罚在某些情况下很重要，家长的限制也不需要依赖于惩罚。相反，家长的限制主要取决于是否愿意发出坚定的信息："我们就在这里！"

声明的格式

声明是家长在适当的时间和地点主动向孩子们发布的半正式陈述。这样的声明不是在激烈的争论中发布的，也不是在对有问题的行为作出即刻反应之时发布的，它是在另外的时间里给出的，比如孩子完成一天的工作后待在自己房间里的时候。为了保证声明发布的有效性，有必要做好充分的准备。

在准备过程中，应该首先确定哪些问题行为是家长打算全力抵制的。声明所涉及的问题行为的数量要有所限制，主要针对暴力行为、伤害家庭成员的行为（如盗窃、羞辱和故意破坏）或自我伤害的行为（如酗酒、离家出走和拒绝上学）。这些都是一些相对容易确定的主题。相比之下，一些含糊不清的问题，如傲慢或一般的不服从，虽然也很重要，却不适合使用声明的手段。有时很难判断某一事件是否真的跨越了红线（"这是傲慢无礼，还是说只是一张臭脸？""他是故意违抗，还是一时忘记了？"），因此也很难设定清晰的边界。

以书面形式发布声明增加了它的仪式感，同时标记出了改变发生的时间节点。有些家长对此感到不适，因为他们更喜欢自然和自发的过程。不过，声明的重点正是要人为地设置一个限制，让它偏离其自然和自发的连续性。这就好比为骨折了的腿打石膏，石膏是不自然的，但它是促进愈合所必需的。同时，以口头和书面形式发布声明，能够强化所设定的限制。借由这样的方式，家长所传达的信息是："这是一个特殊的时刻，因为我们已经忍无可忍了！"

尽管声明很正式，但并不是匿名的或纯技术性的事件。相反，它指出了情感和道德上的边界，因为它强调的是家长对孩子和整个家庭的关心。例如："我们要坚决抵制你的夜不归宿，因为我们不会放弃你！""我们不会允许你整夜地使用电脑，因为我们不会让你放弃学业而迷失在虚拟世界里。"

声明用一段陈述结束，清晰地表明这一决定完全出自家长对孩子的关心。例如："目前的措施源自我们作为家长的崇高责任和对你的爱！""我们这样做是因为我们关心你、相信你。我们相信你有能力克服这一切！"

声明总是用复数第一人称（"我们"），而不是祈使句和第二人称。不要使用像这样的句子："你必须停止打你的兄弟姐妹！""未经允许，你不得再在夜间外出！"

原因有两方面：

1. 禁止的语言会激起孩子的抗争，想要证明家长做不到。

2. 用第二人称的禁止性语言会消融家长的人性和情感表达，而命令语句听起来像是匿名的，这些正是我们试图避免的。

该声明不是合约，不需要征得孩子的同意。这是一个单向的信息，家长宣称的是自我改变以及自身立场的改变。家长有时会说："但她永远不会同意的！"这句话显示出家长在对待孩子的态度上出现的偏差：他们认为，除非孩子同意，否则他们所持的任何立场都是毫无意义的。这一声明意味着一个重大变化：家长开始纠正这种偏差。即使孩子抗议、抵制或无视，哪怕他们把声明揉成碎片扔掉，声明也不会被取消。相反，孩子挑衅性的反应给了家长进一步声明自己立场的机会："我们并没有期待你的同意。我们只是告诉你，我们将要做什么！我们给你的只是这个声明的副本，因为这样做对你比较公平，不会显得我们是在背后搞小动作。从今往后，我们要按我们说的去做，因为这是我们的责任。"

许多家长觉得他们无法做出这样的声明。他们担心孩子会做出拒绝、愤怒或嘲讽的反应。这些家长已经习惯了不被允许，只要孩子不同意，他们就不能再坚持。这样一份坚称不妥协的声明让他们感觉像是违反了不成文的条例。因此，许多家长觉得有必要给出理由、解释和道歉来丰富自己的陈述。当他们开始对孩子提出要求的时候，会迅速地把要求变成请求、道歉和复杂的解释。

埃迪（13岁）6岁时被收养。尽管埃迪与养父母的关系良好，尽管养父母为此付出了很多努力，但他们依然不确定埃迪是否有家庭归属感。他们说："我们完全把他当作了自己的儿子，但我们不确定他是否从心里接受我们做他的父母！"

埃迪有时在争吵时会说："你们不是我真正的爸爸妈妈！你们不像真正的爸爸妈妈那样爱我！"埃迪的话加剧了他们的不确定感。

最近，埃迪养成了一些令人担忧的习惯。他开始长时间把自己锁在房间里，并拒绝回应父母的敲门。甚至父母叫他吃饭，他也不吭声，有时根本不出来。他沉迷在电脑游戏中，当父母试图打断他的时候，会遭到他激烈的回应。他几乎完全停止了做那些简单的家务，比如遛狗或倒垃圾。父母亲试图通过减少他的零用钱来惩罚他，但埃迪的反应异常强烈，以至于他们不得不放弃。

埃迪的父母前来咨询，我们请他们写一份声明。他们准备的文本揭示了他们作为家长的不确定感。

亲爱的埃迪：

我们很高兴有你和我们一起生活，我们深深地关心你。我们视你为家庭的一员，但这并不等于可以不做我们要你做的事，特别是：

1. 我们要求你不要锁门（我们自己也不锁门）。

2. 我们很感谢你能帮助照顾狗狗和清理垃圾，但最近你忘记做了。我们想提醒你，这是一些你需要做的事。

3. 我们想帮助你在暑假里安排做一些其他的事情，而不是一直待在电脑前。你可以自行决定做什么，但是我们要求你忠实地执行自己的计划。

4. 我们想让你在跟我们一起吃饭时暂停所有其他活动，这对我们所有人都很重要，也比较好一些。

我们要求你做到所有这些，因为这将使我们的家庭氛围更好一些。这些事情并不难做，而且我们认为对你也有好处。

我们非常爱你！

爸爸妈妈

这一声明折射出的歉意的姿态与我们想要实现的目标背道而驰。我们所说的声明应该能够明确无误地表达出家长不随波逐流的坚定立场，只要简单而全心全意地说："我们在这里！""这是我们的责任！"

在咨询师的帮助下，家长重新修订了他们的声明，简单地陈述了自己的立场，没有一丝歉意或乞求的痕迹。在声明发布后的几周内，家长们勇敢地坚持不锁门，并坚持让埃迪和他们一起吃饭。

当埃迪再次声称他们不是他的亲生父母时，他们的立场发生了明显的变化。对此，埃迪的父亲简单地回答道："我们知道我们是你的父母，因为我们对你的爱和付出是我们生命中最清楚的事情。我们不会试图向你证明这些明摆着的事，相不相信是你自己的事。"就这样，埃迪的父母在家长身份的问题上扭转了局面。他们不再解释、说服和证明，埃迪也不再提起这件事。

静　　坐

最初，我们发展出"静坐"的仪式，是把它当作家长坚决抵制孩子的暴力和自我毁灭行为的工具。在 NVR（非暴力抵制）广为流行的几个国家里，静坐已然成为其主要标志。原因很简单，因为静坐描绘了一幅生动的画面，展示了家长对问题行为的坚定态度。

家长在安静的时间进到孩子的房间（静坐不应该发生在争斗过程中或问题行为刚刚发生之后），坐下来，用简单的话语说明静坐的原因。例如，家长可以说："我们不再允许你动手打妹妹。我们坐在这里是想要一个解决方案，要保证这样的事不会再发生！"

说完这段话，家长就可以安静地坐在那里，等待孩子给出建议。

保持沉默有助于防止争论的升级。这种沉默并不代表切断联结，而是密切而专注地倾听。家长静静地坐着，传递出的是对孩子提出的各种想法抱持开放的态度。这样的等待有时可能会长达一小时之久。

不管孩子提出任何想法，家长都要以尊重的口吻要求澄清。倘若孩子的建议是不可接受的，比如"如果你给我买一台新电脑，我就不再……"，或者"是她先开始的！你总是怪我！"，家长们可以回答："现在我们正在寻找一个积极的解决方法。我们非常乐意听到你给出的任何切实可行的建议！"

然后，家长可以继续安静地坐着。任何的建议，哪怕是很片面的，家长也都应该用积极的心态去接受它，例如可以说："好吧，这是朝着正确方向迈出的一步。我们可以试试，给它一个机会，看看事情会如何发展！"说完这句话后就可以结束静坐。

如果孩子没有提出任何解决方案，或表现出挑衅的态度（诅咒或明显无视请求），家长则继续安静地坐着，不要对挑衅做出任何反应。不做出反应并不代表家长软弱，而是一种自控能力的体现。家长是发起并管理"静坐"行为的人，如果他们对孩子的挑衅做出反应，引发对抗，就会掉入"陷阱"，失去主动权。

如果孩子示威般地忽略家长的静坐，例如，开始打开电脑玩游戏，家长不要试图关闭电脑，因为这有可能导致事态升级，包括暴力冲突。最好的做法是继续安静地坐在房间里，可以移动座椅坐到孩子的身后，但要保持安全距离以防止孩子感到身体空间被侵犯而产生攻击行为。另外一个做法是，家长在静坐前拿走鼠标或键盘，使电脑无法使用。

如果孩子在静坐期间没有给出任何建议，家长可以在等待一小时后离开房间，说："我们还没有找到解决办法！我们会继续寻找！"家长们不能因为孩子在静坐期间的任何行为而惩罚孩子。通过这样简单的静坐行为，在经历了屈服、漠视或冲突后，家长能够重新确立自己的家长身份。静坐象征着家长的锚定，它还传达了这样一个信息："我们在这里，我们就在这里！"

像声明一样，静坐也是一个仪式，它的主要目的是为家长带来改变。孩子给出什么建议或有没有给出建议并不是关键所在。很多时候，孩子们确实提出了建议，但他们的行为并没有真的发生改变；而在其他一些时候，孩子们没有提出任何建议，但他们的行为却真的改善了。改变状况的关键因素是家长通过静坐所表达的坚定立场。

准　　备

家长们的改变在静坐的准备阶段就已经发生了。静坐不是临时起意，不是在激烈的争吵中的贸然行事，而是提前策划好的行为。家长需要找出时间，协调立场，妥善解决后顾之忧（例如，让祖母在静坐期间过来照看其他孩子），并想好如何面对孩子的反应。有时，家长会决定不在事发当天举行静坐，而是在第二天甚至更晚的时候举行。这种延迟并不会削弱静坐的效果，反而会更加有效，因为它表明家长记得这件事。

最好是两位家长一起做准备。家长必须思考如何回应孩子每一个可能的挑衅，而不致引发冲突。如果无法与另一位家长一起讨论（例如，单亲家长或离异不沟通的家长），可以找另外一个人做对话的准备。

在准备对话的过程中，可以提出这样一个问题："什么事会导致静坐变为徒劳的争论，或者导致静坐崩溃？"仅仅是把这些潜在的问题情境提出来就已然提升了家长的决心。家长需要明白，他们的使命是尽可能地控制住自己，不被卷入挑衅、说教、威胁或争论中。他们必须保持耐心，愿意忍受不适，愿意倾听。这个准备过程对家长来说像是一堂"速成课"，因为那些会导致静坐状态难以继续的模式同样也有可能损害其他的日常亲子互动。因此，静坐可以看作是对家长日常行为的重要训练。

沉默的联结

尽管静坐最初被用来处理极其困难的状况，但这些年来我们发现，它对普通家长——即使他们的孩子没有什么严重的问题行为——也有价值。在这些情况下，静坐的特殊价值在于它提供了一种特殊的联结。那些参加过我们的讲座、了解到这个方法的家长告诉我们，通过学习静坐，他们能用比以前更好的方式与孩子交谈了。起初，我们感到很惊讶。毕竟，静坐就是家长安静地坐在那里，等待孩子提出建议。那么，静坐如何带来富有成效的对话呢？事实证明，通过静坐准备，家长学会了避免说教和责骂，从而能够与孩子建立有意义的连接。渐渐地，我们了解到，那些能够通过静坐获得最大收益的家长，除了坚定的决心，还表现出了开放和专注的态度。这些家长以一种积极和开放的心态，静静地坐在那里。通过研究这些家长的行为方式，我们学会了如何指导其他家长进行更有效的静坐。家长们不仅应该说"我们坐在这里想要一个解决方案，以确保问题行为不会再次发生"，还应该补充说："你告诉我们的任何事情都很重要。我们会倾听并思考它们！"说完这句话，家长便进入沉默，但这个沉默有一个特质，它是一种有联结感的沉默。即使在静坐期间孩子表现得很不服，家长也可以在静坐结束的时候告诉孩子："我们愿意听到你想说的任何话。如果你有什么想要我们知道的，我们会很高兴听你诉说！"

其他版本的静坐

还有一些从原始版本衍生出来的其他方式的静坐，是由普通家长提供的。这些家长并没有接受过我们的指导，他们按照自己的理解实施了静坐，下面案例中描述的"车轮上静坐"就是一例。

父亲吉尔发现他的儿子乔布（11 岁）从他的钱包里拿走了 20 美

元。乔布是一个躁动不安的孩子，但此前并没有做过这类让家长担心的事情。

开始的时候，父母亲想要知道，乔布到底为什么要偷钱。他们尝试用一种敏感的方式鼓励他说出实情，但乔布回避了他们。

吉尔感觉乔布之所以做了这种事，是因为他新近结交了一个名声很不好的朋友。他们猜测，乔布可能是受到朋友的诱使才偷钱的，而乔布的沉默是为了保护他的朋友。

吉尔在学校组织的一次讲座中学习到了"静坐"的概念，但他觉得自己无法在儿子的房间里安静地坐上整整一小时。当他告诉我们他是怎么做的，为什么没有采取"标准"的静坐时，他解释道："我觉得我和我儿子一样坐不住。我怎么可能安静地坐上整整一个小时呢？"

吉尔自创的解决方案结合了他自己的特点。他喜欢长途驾驶，只是静静地开车就可以让他获得一种自由和放松的感觉。所以，他选择了一个星期六的清晨，带上乔布一起坐进了车里。他告诉乔布，他们都需要思考一下所发生的事。他们开了两个小时的车，整个途中几乎一言不发。当乔布问爸爸要去哪里时，吉尔回答说："这个不重要！重要的是我们在一起，一起思考！"

两小时后，他们在路边的一家餐馆门前停了下来。两人一起进到餐厅，吉尔点了食物和饮料，然后静静地坐在那里等待上菜。吉尔看着乔布，问道："你还缺什么所需要的东西吗？"

乔布摇摇头。吉尔接着说："你有没有什么需要的东西，但是可能感觉不好意思张口要的？"

乔布又摇摇头，眼里含着泪水。吉尔对他说："我觉得擅自拿钱可能不是你的主意。我了解你，这不像是你做的事！你不必告诉我你是怎么想到这个主意的，也许你想对你的朋友保持忠诚。也许我猜得不对，但我猜想你可能会被诱惑做一些不像你也不符合你本心的事。你妈妈和我会密切关注你的，我们要确保这种情况不再发生。但我想你会重新获得我们的信任的。"

离开餐馆的时候，吉尔热情地拥抱了儿子，乔布也拥抱了他。很明显，他们的关系已经变得更加牢固，并且是在更加成熟和诚实的基础上的关系。

静坐可以传递决心和亲密感。有时，决心的元素占主导，有时是亲密感。在"车轮上静坐"的案例中，这两个元素同样突出。吉尔带着乔布静静地开车传递了家长的决心，而在餐厅内的静坐则更多地传递了亲密感。

在所有的情形下，静坐都标志着"断绝状态"的终结，无论是因为无助还是愤怒和冲突升级造成的断绝。坚持、自我控制、开放和专注创造了新的环境，为家长身份奠定了更好的基础。因此，静坐可以作为一种仪式，让家长从"随波逐流态"进入"家长在场态"。

停止向孩子提供有害的东西

有一个非常关键的限制是家长需要为自己设定的，尽管有时很难实施。当家长知道某些东西对自己的孩子有害的时候，就要设定限制。我们都知道，在某些情形下，给孩子某些东西是具有破坏性的，比如给一个患有糖尿病的孩子送糖果，或者给一个开车鲁莽的青少年送车，就是在为孩子提供伤害自己的工具。

更常见的情况是那些潜在的破坏性不太明显的东西，或者是社会可以接受的东西。比如下面举出的这些例子：

1. 电脑和手机对我们的孩子来说是可接受的，甚至是必要的，但孩子们有时会沉迷其中，忽视自己的责任，或者剥夺自己的睡眠时间。

2. 卧室的隐私对青少年的发展很重要，但他们有时会把房间变成"无监管区"，在那里无所顾忌地从事有问题的活动。

3. 孩子们从家长那里得到的钱有时用于赌博、玩使人上瘾的游戏或购买有害物质。

在设定边界的过程中，家长首先要为自己设定边界。要做到这一点，家长必须克服自身的困惑和模棱两可的态度，这种态度会破坏家长的身份。

"常态化"陷阱是破坏家长合法性的常见问题。如今，孩子们拥有电脑、手机、零花钱以及随心所欲地使用自己房间的权利已经成为"常态"，甚至被视为理所当然。即使孩子不好好地爱护这些东西，家长也会问自己："我能不再给他提供这个东西了吗？""这么做合法吗？""这会不会让我的孩子与众不同？"这些疑虑严重影响了家长的决心。对这些议题设置限制已经够难的了，如果家长再对这样做的合法性存有质疑，那就更难设置限制了。在这种情况下，来自朋友、邻居和其他家长的评判，孩子们的大声抗议，或者他们内心的疑虑，都会让家长的内心变得非常脆弱。

为了培养必要的心态，家长必须坦诚地问自己："我为孩子提供的服务实际上是有伤害的吗？"有时，家长很难提出这个问题，原因之一是一些"有问题的给予"常被视为理所当然，甚至没有被看作家长提供的特殊优待。对许多家长来说，为孩子提供电脑、支付手机账单、允许在卧室里有充分的隐私甚至给予慷慨的零用钱，就像为孩子提供食物一样。即使孩子们沉迷于电脑，用手机做不允许去做的联络，日夜躲在房间里，用零用钱买毒品，家长也很难自问"为孩子提供这些东西是否会毁掉孩子"。

这样的支持有时甚至会持续到孩子成年以后。那些成年后的孩子不上学、不工作，也没有表现出独立工作的意愿，有些家长还会继续提供所有的家庭服务，甚至还包括汽车、汽油、保险和修理等费用。有时，还会为孩子支付累积的罚款。[1]

"害怕被视为坏家长"是另外一个陷阱，它让家长无法看清一个

---

[1] See Dulberger, D. & Omer, H. (2021). *Non-Emerging Adulthood：Helping Parents of Adult-Children with Entrenched Dependence.* Cambridge University Press.

明显的事实：他们正在为孩子提供破坏性的支持。有时候，家长会跟自己说"孩子也挺不容易的，正在受苦，给孩子的补贴可以减轻孩子的痛苦"，以此来佐证自己继续为孩子提供支持的合理性。然而，"安慰性的给予"是一种特别有问题的礼物。当家长决定补偿孩子的痛苦时，孩子们会得到一种确认——他们确实活得挺悲惨。如此，家长成为恶性循环中的一环，加深了孩子们对自己无能和一文不值的感觉。另一个负面后果是，孩子们学会认为自己有权享有这些特权和礼物。许多家长发现，当他们试图停止给予"破坏性的礼物"时，孩子会大喊大叫，声称他们的基本权利受到了侵犯。

家长往往认为，如果他们的孩子能够以其他方式获得他们想要停止给予的特权，那么任何限制都是毫无意义的，如"没有必要阻止他们在家里使用电脑，因为他们反正还会在朋友家里使用它！"，或者"我们跟他说不要做这些是没有用的，他肯定不会听的！"。这些语句背后的假设是，设定限制只有在成功阻止有问题的行为时才有意义。因此，如果孩子能够获得家长决定收回的东西，任何限制都将变得毫无意义。

事实上，设定边界的意义远远超出了阻止问题行为的范畴。家长的限制标志着允许和禁止的区别，也给了家长一种道德地位，甚至当孩子试图绕过这一边界时也能感受一种陪伴感。对孩子来说，"家长已经放弃了"和"家长在为自己的家长地位而奋斗"是两种不同的体验，就像是身处两个不同的世界，即使孩子没有遵守这一限制。感到家长放弃了的孩子也失去了所有被陪伴的感觉。他们可能享受了自由的感觉，但也感到了被遗弃。一个体会到家长温暖而坚定的限制的孩子则正好相反，他们觉得家长离他们很近，没有放弃他们。

这些见解对于那些打算通知孩子要收回有问题的特权的家长有着至关重要的影响。家长们宣称，停止给孩子们馈赠有害礼物是出于作为家长的责任。家长们可以在支持者的帮助下去处理那些"常规化的"问题，并展示其立场的合法性。他们准备好去应对孩子想要绕过新决定的企图。有时，他们会设法增加孩子获得这些有害物品的难度。当孩子想方设法得到了这些东西时，家长会说："我们无法控制你，也无法用武力阻止你得到这些有害的东西，但我们自己不会提供给你，因为我们爱你，这是我们做家长的责任！"

有时候，家长会问哪些服务真正是必需的。我们认为，不管孩子的行为如何，唯一被视为理所当然的服务就是食物。在某些情况下，甚至在父母家中居住的权利也不再被视为理所当然，比如，当已经成年的子女对其他家庭成员提出苛责的要求并用暴力维护这种要求时。这种极端状况其实并不罕见，我们已经处理过数百个这类青少年或者成年人在家中对其他成员实施暴力的案件。我们确信，我们所发现的只是现代社会中正在迅速蔓延的问题的冰山一角。[①]

以下这些问题可以帮助家长做自我检查，看看他们的礼物是否有问题：

- "我的孩子是否以有害的方式使用电脑或手机？"

---

① Dulbergerger, D. & Omer, H. (ibid.).

- "我的孩子是否以令人担忧的方式躲在他自己的房间里？"

- "我的孩子是否在其房间做不好的事情了？"

- "我的孩子是否将其零用钱用于非法目的？"

- "我的孩子是否值得我提供交通帮助？我的孩子是否在安全用车？"

- "我是否为我的孩子做了不适合该年龄段的事？或者做了不适合孩子当前能力水平的事？"

当家长仔细检视这些要点时，有时会自己得出结论：停止提供有害的特权不仅是合法的，而且是必要的。这并不会让他们成为坏家长，相反，这样做能够找回为人父母的根基，即对孩子和家庭其他成员的关心。

杰瑞（16岁）被诊断患有克罗恩病后，彻底改变了自己的行为。他不再上学，而是整天和一群辍学的孩子待在一起。他常常在外面待到很晚才回家，又总是睡到中午才起床。他的父母发现他经常抽烟，有时候回家时还带着一身的酒气。有一次，因为酒精中毒他被朋友送进了医院。

杰瑞有大把的零用钱，这在他的圈子里很正常。他只穿名牌衣服，总有最新款的手机。他的父母达伦和维姬在寻求咨询时感到束手无策。他们担心自己的做法会让杰瑞生气或沮丧，或者让他在朋友面前丢脸；他们还担心，如果停止给他零用钱，杰瑞会向亲戚讨要或者去偷。

后来，他们意识到，他们给杰瑞的馈赠是问题的一部分，于是制定了一个计划来恢复他们的在场感。他们打算利用大家庭、朋友和社区领袖的资源。

一天早上，杰瑞的父母亲一起走进他的房间，告诉他："我们意识到，我们提供给你的零用钱、手机以及让你维持这种破坏性生活方式的条件是在毁掉你。我们决定停止给你零花钱，不再为你的手机付费，也不再为你购买名牌产品。我们不会为你提供条件保护你具有破坏性的隐私，不会让你把自己锁在房间里。我们将继续监督你，并尽一切努力改善我们与你的关系，但是不会用钱来换取你的爱！"

杰瑞的父母把他们的计划告诉了整个大家庭，请求他们都不要给杰瑞钱。杰瑞的祖父是杰瑞生活中的一位重要人物，达伦让祖父第二天早上过来叫醒杰瑞。两天后，杰瑞发现他的手机账户被关闭了。起初，他用自己以前从家长和其他亲戚那里收到的积蓄来支付手机账单，但不到一个月，他就花光了所有的钱。有一次，他从母亲的钱包里偷拿了现金，但自此之后，他的父母更加小心了。因为不放心杰瑞，他们还把贵重物品从家里移走，以防杰瑞偷走卖掉它们。

杰瑞邀请他的朋友们来家里并一起躲在他的房间里时，母亲过来敲门，但杰瑞拒绝回答。母亲随即打电话给达伦，两人隔着门告诉他们，鉴于这种情况，他的朋友们需要离开这里。经过几分钟的讨论，朋友们纷纷离开了房间。

杰瑞设法找到了一些临时工作来支付消遣的花销。三个月后，他加入了一个针对辍学学生的社区计划。渐渐地，他的一些权利得到了恢复。然而，其他方面的改善进展缓慢。回想起过去，杰瑞父母的结论是，杰瑞大概两年之后才开始慢慢养成积极的作息习惯。他们毫不怀疑，停止无节制的施舍是他获救的关键因素。

补 偿

即使是小孩子也能理解补偿行为的意义。我在那本《新权威》（*New Authority*）[1] 一书中描述了一个面向幼儿园儿童的项目。在这个项目里，老师和家长要求 4 岁的孩子在做了伤害其他孩子的事情后要做出补偿。幼儿园建筑群的主楼外墙上挂着一块板，画着象征性礼物，代表着给被伤害儿童的补偿。孩子们都能理解这个请求的含义，也明白补偿的必要性。补偿的使用成了这个幼儿园打击针对儿童和教师伤害行为的重要部分。这一项目的实施对孩童和成年人都带来了影响，众多家长参与其中，增强了家园合作。幼儿园的氛围得到了改善，园内暴力事件急剧减少。

补偿是所有社会形态中和所有年龄段的人群中维系人与人之间关系的关键要素。在儿童教育中，它的价值怎么强调都不为过。当家长向孩子解释弥补被伤害者的需要时，也同时实现了一系列的教育目标：

---

[1] Omer, H. (2011). *The New Authority*：*Family, School and Community.* Cambridge University Press.

- 培养了孩子对他人遭受苦痛的敏感度；

- 提升了孩子的责任感；

- 帮助孩子修复与伙伴关系；

- 帮助孩子重建积极的内在感觉，即使伤害过别人，也能再次感觉自己是个好人；

- 创造了一个铭记在心的事件，让孩子们从此告别旧的方式，开启新的方式。

这个过程的第一阶段是谈话，补偿的需求就是在谈话中提出的。家长必须营造积极的沟通氛围来进行这场对话。要求补偿与愉快的谈话氛围（如坐在咖啡馆）并不矛盾。要求补偿与传统的惩罚不同，因此，不必担心创建愉快的对话氛围会让孩子感到自己"因不良行为而获得奖励"。

谈话应该以一句简单的陈述开始："你伤害了……我们需要一起想想，你可以怎么弥补。"要用简单、具体的词语描述伤害，诸如"你打了……""你偷了……""你毁坏了……"或"你诅咒了……"之类的词来澄清伤害行为。被冒犯的一方可能是孩子、老师、清洁工、整个班级或者是学校。被要求补偿的孩子则经常会争辩，为自己的行为找理由。倾听这些争辩并认真对待它们是极为重要的，例如："我们知道你这样做不是没有缘故的，你这样做是因为你感到沮丧。但是你伤害了……，即使是他先让你生气的，这种行为也是不允许的。"有时，尽管证据确凿，孩子仍然会否认自己的不当行为。重要的是，你只需正面回应他的不实之词，但不要发生对抗，比如你可以说："我们不是在找证据，我们是要思考如何修复这个状况，我们愿意帮助你。"

对一些孩子来说，这么说还是不够，他们会继续声称自己被冤枉了。此时，必须立刻停止讨论，即使孩子感到沮丧。家长可以说："目前的情况让我们跟你一起陷入了麻烦，因为我们是你的父母亲，你是我们的孩子，我们不能逃避，要对你负起责任。我们必须找到一种解决办法来修复这个状况，为你，也为我们自己。"由此创造了一个新的状况：家长与孩子是在一起的，他们是伤害的一部分，也是补偿的一部分。

事实上，当孩子伤害他人时，家长站出来承担部分的责任在社会和法律层面上都是一种规范的做法。孩子们能够理解家长这样的解释："当你做出了破坏性行为时，我们也难辞其咎。比如，如果你毁坏了东西，我们就要赔偿。"此外，家长会（或者应该会）为他们的孩子伤害别人的行径感到羞耻。他们的社会地位可能会受到影响，尤其是如果他们的反应或处理不当的时候。因此，"我们也难辞其咎"这句话既是一个规范性的信息，也符合现实。

当家长参与行动时，孩子更容易做出补偿而不会感到被羞辱。如果家长对孩子说，"我们一起去找老师，给她一封我们三个人都签了名的道歉信，支持你做出道歉和弥补"，就是为孩子提供了一个宽大的肩膀，让孩子的补偿行为成为这个家庭的一部分，即为孩子提供了有力的支持和鼓励，从而可以让孩子"大大方方地赔罪"。

孩子们很明白这一点。当周围的人能够以友善的方式回应时，这一信息会更加强烈。例如，老师可以告诉一个伤害了他人的孩子："我们很在乎你的自尊。所以，我们会请你的父母亲跟你在一起，帮助你做出弥补。"在孩子做出补偿后，老师可以说："太棒了！你和你的父母证明了你们是一个了不起的家庭！"当老师把孩子和他的家人放到一起，赞扬他们所采取的行动时，即使是最初抗拒补偿的孩子，也会感到自豪。

"家长有义务为孩子所犯错误分担赔偿"，这一事实可以令家长独自采取行动，哪怕孩子拒不认错。如果孩子伤害了同学但拒绝道歉，家长可以代表他们自己和孩子给老师送来道歉信。如果孩子损坏了财产，可以另外再带上赔偿物品或赔偿金。家长用这些方式在告诉自己的孩子："我们对你负有责任！我们站出来道歉并作出赔偿，因为这是我们的责任。你可以和我们一起做出补偿，但如果你选择不参加，我们会考虑如何向你收取赔偿金。"

用实事求是的语气说出这句话很重要。任何威胁性的语气都会增强孩子的抵抗力度。如果一位与孩子关系密切的支持者告诉孩子："我知道你的父母亲正在写一封道歉信，并且要对你给人家造成的伤害进行补偿。这是他们对你和别人的一种责任。我愿意帮你加入你爸妈的这个补偿行动，这样做也会让你不失体面，你愿意吗？"

如果孩子仍然拒绝参与，家长可以自行作出补偿，然后告诉孩子欠了多少钱。有各种不同的方式向孩子收取欠款，例如扣除孩子一段时间的部分或全部零用钱（等于让孩子分期付款），从孩子的储蓄中扣除其应付的份额，或减少某些原本要花钱为孩子提供的服务。不过，重要的并不在于让孩子偿还确切的补偿金额。补偿是一个修复断裂纽带的象征。因此，任何的付出，即使是不情愿的付出，都是有意义的。

简单的陈述语句是让家长的信息得以在孩子脑海中回荡的最好方式。我们发现，在一些情形中，孩子最初是拒绝与家庭合作做出补偿的，但是家长的补偿还是给人留下了深刻的印象，这使补偿与传统的惩罚有了本质的区别。

补偿和赔偿也可以发生在家庭内部，例如当孩子伤害了兄弟姐妹、家长或家庭财产时。父亲可以告诉孩子："你的行为伤害了你的妈妈，你必须为你的伤害做出补偿。如果你想让我和你一起考虑如何补偿她，我会支持你，帮助你。"如果孩子拒绝，父亲可以说："如果你还没有准备好，我会自己替你先赔偿，然后你考虑一下如何支付你的那部分费用。"

在家庭内部，一个特别好的补偿方式是家长邀请被冒犯的一方外出玩耍。比如，父亲可以带着被冒犯的母亲或妹妹去看电影或去咖啡馆，然后请冒犯的孩子按照相应的支出分担费用。

补偿还有一个重要意义就是为孩子做出榜样。当家长站出来承担责任并参与补偿时，就是在以身作则。当他们愿意为自己的行为作出补偿时，就等于为孩子做出了生动的榜样。有几位参加过辅导的家长跟我们讲述了自己的经历。他们告诉我们，当他们感到自己有不当行为的时候，比如对孩子大喊大叫，会发自内心地承认错误，道歉，并诚实地表达他们愿意尽其所能避免再犯同样错误的意愿，这样的时刻在很多情况下成了他们亲子关系的重要转折点。对许多家长来说，在内心充满无助感的时候很难承认错误；但当他们变得更坚强时，就有勇气这样做了。

补偿是对"爱的边界"的一个极其深刻的诠释。传统的惩罚是从外部强加给孩子的，家长只是在扮演痛苦结局的"执行者"，而与之不同的补偿过程有着家长的全程参与。他们与自己的孩子站在一起，分担责任，承担至少一部分的负担，帮助孩子履行义务，保护孩子的尊严。因此，选择并制定一项具体补偿计划的过程可以给孩子一种归属感。当孩子被告知"你和你的父母做了一件很棒的事情！"时，他就体验到了一种满足感和归属感。很少有孩子会说："他们的做法违背了我的意愿！"在通常情况下，孩子会很高兴听到自己和家人得到这样的称赞。即使孩子没有立刻参与弥补的行动，也会逐渐融入其中，部分的原因是这能够改善孩子的人际关系。通常，孩子的攻击性行为会在补偿发生后相对减弱，即使他们拒绝合作；就好像孩子觉得，家人已经代表他做过补偿了，再去使用暴力无论怎样都会有些尴尬一样。

结　　论

通过设定爱的边界，家长发出的信息是："我站在这里！"这一信息传递了他们的价值观和态度。设定爱的边界，要从家长的自我检查开始，确定自己的红线。理想的状况是，家长和他们身边的重要他人一起参与这一过程。如此，家长设定的限制不仅代表家长的立场，还可以在更广泛的背景下得到道义上的支持。爱的边界表达了家长不随时间而改变的立场。它不是一个激情的产物，而是由决定、声明、执行和后续行动所构成的，是过去、现在和未来都要坚守的立场。孩子体验到的不仅是禁止和制裁，更是家长的持续"在场"。通过设定爱的边界，家长可以系统地避免任何想要制服、控制或发号施令的企图。他们辨识出那些易使冲突得以持续的"乒乓互动"之后，可以坚定地应对挑衅而不被卷入其中。与其徒劳地说服孩子不要错误地使用家长提供的各种服务，不如停止为孩子提供这些东西，不再把提供这些作为家长的最高职责。与其采取有问题的制裁措施，不如寻求让孩子参与补偿的行动。通过这些做法，家长为孩子树立了榜样，赢得了支持和合法性，并将对问题行为的应对变成一个道德应对。即使孩子没有立即接受补偿过程和实际的补偿方案，这个概念也会逐渐渗透到他们的心里。

小 贴 士

- 无论何时，当你为孩子设定边界的时候，首先为自己设定边界。这个边界是你决心捍卫的红线。

- 试着找出你的那些可能会导致持续的权力斗争的反应。争论、冗长的解释、说教和反复的责骂只会让情况变得越来越糟。

- 留意你自己"唠叨一不"的倾向。"锚定一不"是对付"唠叨一不"的疫苗。

- 学习使用复数第一人称（"我们"）说话。避免用"你必须"这样的方式讲话。

- 检查你为孩子提供的东西，是否有被孩子破坏性地使用。

- 必须停止向孩子提供正在破坏他们的东西，即使孩子可以从其他人那里获得。

- 问问自己，你是否在给孩子"安慰奖"，强化了他的顾影自怜。

- 问问自己过去是否对孩子做出过不当的反应。看看是否有可能做一个郑重的道歉。道歉不会削弱你的地位，只会强化你在孩子心里的形象。

- 主动帮助你的孩子做出补偿。告诉他，你们是一家人，所以你们必须一起补偿。

- 邀请一名支持者帮助你，向孩子解释补偿的必要性。

- 如果孩子不合作，你可以代表孩子进行先行补偿，然后再考虑如何向孩子收取费用。

第六章

恐　惧

恐惧不仅存在于孩子的头脑中，也存在于孩子与家长之间。原因很简单：一个恐惧的孩子会本能地向家长求助。这是一种根植于生存本能的先天反应，依附于身边能够为自己提供保护和安全感的强壮成年人是孩子的一种普遍倾向。事实上，家长是孩子安全成长的保证，尽管他们自己也有恐惧和脆弱的部分。

然而，孩子向家长寻求庇护的本能并不总是能够区分真实的危险和想象的危险。有时候，即使没有真正的危险，孩子也会向家长寻求保护。在这种情况下，家长可以做些什么？家长该怎么安抚孩子，帮助他们长大？

支持，而不是保护

秉承"给孩子支持而不是保护"的原则可以帮助孩子慢慢克服恐惧。小婴儿当然需要养育者给予更多的保护和支持。在婴儿出生后的头几个月，母亲跟婴儿的生命是紧密相连的，她用哺乳、拥抱、抚慰等行为给婴儿提供安全感。与过去的几代人不同，如今的父亲在婴儿的生活中也扮演着重要的角色。母亲和父亲交替协助为新生儿创造着最初的人际关系的体验，例如，跟婴儿相互凝视、大量模仿婴儿的面部表情以及做一些身体和声音的游戏等。这就是说，从婴儿出生的最初几个月起，家长就会时不时有意识地给他一些独处时间，帮助他打下最初的一些自我抚慰和独立行动的基础。

睡 眠 问 题

在第一章中，我们提到了一些关于婴儿睡眠问题的研究结果。看似矛盾的是，小婴儿实际上需要他们的父母有能力承受他们的哭声，而不是听到哭声的第一时间立即冲过去安慰他们。如果家长总是立即冲过去拥抱并安慰他们，婴儿的睡眠问题就不会得到解决。那些没有家长陪伴就无法入睡的婴儿通常都会经历一种分离焦虑，他们的行为与患有焦虑症的大孩子很类似。患有分离焦虑的孩子会哭着抱住家长，不肯让家长离开他们，哪怕是一瞬间。当家长总是对孩子的求救做出即刻反应时，分离焦虑往往就会像睡眠问题一样持续更长的时间，甚至恶化。另一方面，当家长让婴儿感受到他们就在他的身边而没有实际的身体接触时，问题会逐渐得到缓解。这些家长所做的就是支持，而不是保护孩子。

这项针对儿童睡眠问题的研究还有另外一个发现：当家长对婴儿焦虑的啼哭总是做出反应时，婴儿不仅更加难以独自入睡，睡眠的深度也不够好。他们会更频繁地醒来，清醒的时间更久，夜间翻身的次数也更多。另一方面，当家长能够等待几分钟再靠近婴儿床去抚慰婴儿而不把他们抱出来的时候，婴儿不仅更容易学会自己入睡，还能睡得更香。他们在半夜醒来的时候，可以安静地待上一会，然后再次入睡。这表明，家长有能力克制将婴儿从困境中立即解救出来的冲动，会让婴儿变得更加平静！我们认为，这里的解释是婴儿学会了自我安慰的关键技能。

保护孩子免受痛苦

保护型家长试图保护他们的孩子免受任何痛苦。孩子们一显示出有紧张焦虑的迹象，家长们就赶紧过去安抚，或是立即清除可怕的刺激物。保护型家长给人的印象是，害怕他们的孩子经历恐惧。的确，这些家长比其他人更倾向于相信焦虑的经历会伤害孩子。然而，事实完全不是这样，除非在极端情况下，比如战争或虐待，一般性的焦虑是无害的。相反，孩子们需要经历焦虑才能学会如何应对焦虑。事实证明，家长试图保护孩子免受焦虑是有害的。

以下是家长的过度保护造成孩子焦虑感长期存在的几个原因：

- 孩子学不会忍受焦虑；

- 他们无法学到"焦虑是有时限的"，也就是说，体会不到"焦虑感会在增强后再次减弱"的自然反应；

- 他们发展不出应对焦虑的技能，只能等待家长前来"拯救"他们；

- 他们得到的印象是，他们的父母害怕他们感到害怕；

- 他们收到的信息是，他们的父母认为他们是没有能力应对焦虑的；

- 他们从家长那里学到的是，一定要避免任何导致焦虑的状况。

上述的每一点都会破坏孩子的健康发展和复原力。

孩子们在家长的过度保护中学到的负面教训可以概括为一系列关于自己和焦虑状态的信念：

- 恐惧感是可怕的！
- 我无法战胜恐惧！
- 我的父母无法容忍我的恐惧！
- 如果他们不救我，我的恐惧就会越来越强！
- 我必须避免任何可能让我感到恐惧的状况！
- 如果我开始感到恐惧，就必须立即呼叫帮助！

当家长培养出支持而不是保护孩子的能力时，就会让孩子摆脱这些有害的信念。

另一种与保护主义截然相反的家长立场也会削弱孩子应对焦虑的能力。这种家长的反应是，看到孩子表现出恐惧时会生气，他们会要求孩子马上克服恐惧。这些家长倾向于相信，你必须把孩子扔进水里，让他们自己学会游泳。他们觉得，必须去惩罚、责骂或说教，直到孩子自行停止恐惧。我们称这些家长为苛求型家长。可以想象，保护型家长会一直把孩子抱在怀里，不让孩子学习走路；而苛求型家长则一直推着孩子自己走路，直到他们摔倒。

跟保护型家长一样，苛求型家长的行为也是出于善意，但是当家长的要求超出了孩子当前的能力时，孩子就无法在满足家长要求的努力中获益。如果我们把孩子面临的任务想象成是孩子必须向上攀爬的一步，那么苛求型家长会把这一步设定得高一些、陡一些。例如，苛求型家长可能会通过讲述个人故事来鼓励焦虑的孩子变得勇敢（"我跟你说，没有什么可怕的！"）。孩子们当然很钦佩家长的勇气，相比之下，他们会感到更加自卑和无能。因此，苛求型家长的个人榜样往往会产生相反的结果，孩子愈发确信自己没有可能满足家长的期望。家长会倍感失望，认为孩子不够努力或不想克服困难。家长甚至可能会将孩子的行为解释成，为了获得优待和放宽要求而进行的操纵。这种失望会导致家长愤怒，乃至提出更多的要求，甚至发出最后通牒："要么你马上就做，要么我放弃！"这种立场可能会造成他们与孩子关系的断裂。

正如孩子在家长的过度保护下学到负面的教训一样，同样的情形也会发生在被过度苛责的孩子身上。面对家长的过度苛责，孩子可能会产生"问题感"，例如：

- 我做什么都只会一次又一次地让他们失望！

- 如果我害怕，就输了！

- 我永远不可能让他们满意！

- 他们觉得我在撒谎！

- 我有两个害怕：一是害怕事情本身，二是害怕家长的愤怒！

过度保护的家长和过度苛责的家长都剥夺了孩子们安住在恐惧和不安中的体验。保护型家长不会成为锚，因为他们会冲动地跑去保护和营救。苛求型家长也不会成为锚，因为他们易怒、强迫、脾气暴躁。这两种行为都增加了动荡中对孩子的扰动，而不是帮助孩子稳固下来。

当家长中的一位持保护立场，而另外一位坚持苛求时，这种"不稳定性"会被最大化。极为常见的状况是，一位保护型家长会让另一位家长变得更为苛求，反之亦然。面对保护型配偶，另一个家长会认为："我是唯一一个要求我的孩子正常行事的人，所以我必须更用力地推动！"面对苛求型的配偶，另一位家长倾向于认为："我是唯一一个保护我孩子的人，所以我必须更加坚定地保护我的孩子！"家长之间的这种跷跷板法则加深了孩子的焦虑感。

恐惧会自己消失吗

我们都知道小孩子比大孩子更容易感到害怕。对动物、黑暗、怪物、陌生人或孤独的恐惧，在婴幼儿早期更为常见。对大多数孩子来说，这些恐惧会随着他们的自然长大而逐渐消失。认识到这一过程将有助于家长"走出困境"。

独立活动的增加

随着孩子们的长大，他们独立活动的范围会逐渐扩大。这个过程是孩子身体发育的自然结果，他们会依照设定的生物程序学会爬行、行走和奔跑。每一个这样的阶段都会提高孩子独立运动的能力。运动技能的发展使得孩子们能够独自完成以前需要家长协助才能完成的任务。这些技能的发展不仅是被遗传生物程序设定的，也被想要使用这些技能的愿望所驱使。

小孩子会反复尝试想要学会新技能。他们喜欢去练习，也喜欢掌控。独立行动范围的扩大为他们带来新的外部刺激。其中有一些刺激最初会引发焦虑，但反复接触这些新刺激加上对技能的掌握会让焦虑慢慢消失。例如，如果一个孩子第一次独自站立时没有倚靠在什么东西上，会显得恐惧和谨慎，好像对自己的独立性有点担心，然而，向前移动的冲动会驱使他一次又一次地尝试。这是一个很能说明问题的关于克服焦虑的例子，每个婴儿都无一例外地做到了这一点。其他的例子包括：发展出从家长身边爬走的能力，能够在看不到家长的地方待一会儿，与陌生人单独相处的能力，等等。在这类情形下，大多数孩子都会经历一些最初的焦虑，但出于对独立的渴望，加上环境的鼓励以及不断地尝试，焦虑就会逐渐消失。

与他人在一起

随着孩子的长大，他们跟核心家庭以外的人相处的时间越来越多。身体活动空间的扩张与社会交往空间的扩张平行发展。他们会花更多的时间与他人在一起，先是家长在场的时候，然后是家长不在场的时候。这一过程极大地帮助孩子自然地克服了焦虑。例如，练习与他人在一起可以帮助婴儿克服"陌生人焦虑",这是婴儿的常见反应。

针对婴幼儿发育的研究发现,对于六个月到一岁左右的婴幼儿,当核心家庭以外的人试图抱起他们或单独与他们待在一个房间时,会显现出强烈的痛苦和不安。这种被称为"陌生人焦虑"的现象一直被认为是普遍现象,直到后来的人类学研究证明,事实并非如此。研究发现,在一些文化中,婴儿出生后通常是由其他人抱着和照顾着的,并没有"陌生人焦虑"一说。极有可能的是,社交焦虑现象在这样的社会里远不如在我们的社会里那么常见。原因很清楚,这些孩子很早就有了家长不在场与他人共度时光的经验。与核心家庭以外的人在一起,不仅有助于婴幼儿克服焦虑感,也有助于大孩子克服焦虑感。这里有两方面的原因:(1)与其他人在一起的时候,孩子的退行性行为(例如依赖性和孩子气)比跟家长在一起时要小得多;(2)其他人不太会像一些家长那样,一看到孩子出现焦虑的迹象就立即出手解救。

这种"不敏感"促进了孩子适应能力的发展。事实上,孩子身边的人不急于出手保护他们免受焦虑的影响是在向孩子发出这样的一个信号:情况并不像想象的那样危险。我们都倾向于环顾四周来确认自己的情绪。当其他人向我们暗示有什么东西值得害怕时,我们会认为这证明了我们的恐惧是正当的。然而,当其他人不给我们这样的暗示时,我们会得出结论:这没有什么可怕的。

更 多 义 务

随着孩子的长大，他们需要履行更多的义务。义务和克服焦虑之间有着根本的联系。义务是指一些"一定、必须、只能这样做"的情况。孩子在这些情况下得到的信息是："你别无选择，必须这么做！"一个典型的例子是孩子入园的时候。对许多孩子来说，第一次独自待在幼儿园是很困难的，尤其是他们之前一直和家长待在一起的话。但由于法律规定了义务教育，家长给到孩子的信息即是"你别无选择！"。即使第一次送孩子去幼儿园很难，"这是义务"的现实也能够帮助家长克服焦虑，坚持把孩子留在幼儿园。有些孩子哭得很厉害，但是在绝大多数的情况下，孩子们最终都能克服这样的分离焦虑。通常，不消几天的时间，孩子就能适应新的环境了。

这是一个了不起的进步。即使孩子无法用语言表述，这一经历也会铭刻在他们的心里。大一点的孩子会说："这很难，但我做到了！"这种充满自豪感的时刻会在一个人的童年和青春岁月中反复出现。学龄儿童自豪地说："我克服了它！"青少年说："我真不敢相信会这么难，但我做到了！"这些经历塑造了我们的自我形象，给了我们勇气，去迎接生活中的各种挑战。别人对我们表达感激之情，尽管很重要，却不足以培养我们的自我价值感，我们还需要克服困难的体验。因此，不需要履行任何义务的儿童实际上是被剥夺了这样的体验！这种"剥夺"并不是真爱，而是家长出于没有边界的爱免除了孩子的所有义务。不幸的是，孩子们反而因为被剥夺了义务，或者被剥夺了

"你别无选择！必须这么做！"的体验而受苦。没有这样的体验，孩子们很难培养抗焦虑和抗挫折的能力。因此，承担这些义务不仅可以建立我们的社会认同感，还能够建立我们的自我价值感，并培养我们的能力。

这些过程属于常规发展的一部分，在某种程度上来讲每个孩子的发展都遵循着这样的规律。因此，大多数孩子都会自发地克服他们的童年恐惧。然而，有时候家长会在无意中干扰这一自然过程。当孩子变得"太"独立的时候，一些家长会感到焦虑，他们会追着孩子把他们"解救"出来。

还有些家长要么害怕把孩子交给别人照顾，要么会在注意到第一个不安的迹象时就把孩子抱回去。这些家长的做法不经意间增加了孩子的"陌生人焦虑"感，阻碍了他们学习应对痛苦的过程。

所幸的是，大多数的孩子都能克服童年的恐惧，即使家长有时会有些阻拦的作用。然而，对那些天生具有焦虑和逃避特质的孩子来说，家长的阻拦可能就会造成问题。研究表明，那些患有焦虑症的儿童，即有抗拒和强烈恐惧感的儿童，早在幼儿时期甚至在婴儿期就已经表现出了这种倾向。他们的神经系统对外来威胁的刺激会产生过度反应。这当中有许多孩子的家长本身也有焦虑倾向。对这些孩子来说，他们的天生敏感加上保护型或焦虑型家长的推波助澜，往往会导致焦虑症的发展。

为了遏制过度保护的欲望，家长需要一个明白无误的预设来支撑他们的内心，而不致被孩子的恐惧所左右。对焦虑症的研究提供了一个明确且已被证实的发现，可以作为家长的预设。回避反应只会加深焦虑感并使其永久化，而系统性地暴露在令人害怕的状况里则是克服它们的关键，这一发现得到了无数研究数据的支持。

回避和暴露

当遇到真正危险的时候，回避是一种必要的反应。孩子们会自然地避开那些会导致身体疼痛的刺激，或者避免到真正有危险的地方，比如高处。但患有焦虑症的孩子不仅会回避那些不危险的状况，而且会对一些正常且必要的情况做出回避反应。比如，社交焦虑的孩子会极力避免与其他孩子在一起，分离焦虑的孩子会避免与家长分离哪怕是一瞬间，害怕生病的孩子会避免任何有一丁点传染机会的状况。回避会产生负面循环，加剧焦虑感，也加深了孩子的无力感。

就像回避能使焦虑感得以持续一样，暴露在害怕的环境中是克服焦虑的一个过程。暴露会在短时间内增加焦虑水平，但如果让暴露持续，焦虑感就会得到系统性的降低。恐惧的体验主要发生在遭遇可怕情况之前和最初的时刻。随着时间的推移，他们担心的灾难并没有发生，焦虑感就会下降，应对能力就会提高。就像回避会形成恶性循环一样，暴露会形成良性循环。孩子们会慢慢发现，他们焦虑的强度降低了，变得可以忍受了，甚至可以做以前不敢做的事情了。

最好的暴露体验是渐进式的。试图让孩子一下子完全暴露在可怕的环境中会让孩子陷入困境。在这种情况下，孩子唯一想做的就是竭尽全力地逃离。此外，孩子还会被一种无助感压倒。许多孩子在尝试突然完全的暴露失败后，对任何暴露都会生出强烈的抵抗。

治疗焦虑症的时候，暴露过程一定是渐进的，并伴随全程的支持。孩子需要完成的任务被分解为几小步，每一步的幅度都不能太大。

另一方面，当适当的机会出现时，家长不应害怕让孩子较快速地进入可能令他产生焦虑的情景。例如，当孩子想参加一项有吸引力的活动，而这个活动又必须接触到那些会刺激恐惧感发作的东西时。这样的机会能够为孩子的快速进步打开一扇窗户。孩子会产生一个飞跃的进步，这样的改变跟一般性克服焦虑的渐进过程会大不相同。

当我还是个孩子的时候，遭受过严重的恐惧之苦。它不仅给我带来了很多痛苦，而且限制了我去享受那些对我很有吸引力的活动。我的父母一般来说是不让我面对困境的，尤其是有过一次失败的尝试之后。那次他们试图把我留在他们朋友的农场过夜，我半夜醒来后哭泣着乞求我的父母当晚来接我回家。大约两年后，父亲带着我去夏令营看望比我大 3 岁的哥哥。我和父亲在那里度过了整个周末。离开之前，夏令营的一位顾问问我是否愿意留下来。他带着我去和我觉得在整个营地中最具吸引力的一组人共进晚餐。然后，他带我去见我的父亲，告诉他："哈伊姆是这个团体中真正的一员！大家都不想让他回家！你同意让他留下吗？"几年后，我才发现这是我父亲参与策划的一个圈套。我父亲独自一人回到家里时，告诉我母亲，是我自己请求留下来的（这是真的），因为我的母亲是一位过度保护孩子的家长。对我来说，这是一次开创性的经历，让我有力量在其他情况下也能直面我的严重恐惧。

克服对孩子恐惧感的紧张

急于将孩子从引发焦虑的情境中解救出来的家长释放出来的信号是，他们害怕孩子感到害怕。他们在无意中传递出的信息是"恐惧感是可怕的，应该尽一切可能避免它"。这被称为"焦虑联盟"。换言之，家长不是与孩子成为盟友，在恐惧面前表现出力量，而是让自己的焦虑与孩子的焦虑"结成联盟"，让孩子感到更加焦虑。为了不担心孩子的恐惧，家长们应该知道，大多数有焦虑感的孩子所经历的焦虑程度，其焦虑经历本身并没有什么伤害。那些对孩子经历恐惧高度紧张的家长通常有着相反的信念，他们相信焦虑会造成创伤，并在孩子的心理上留下深深的伤疤。但其实，绝大多数孩子的焦虑，即使主观体验很严重，也是无害的。

真正有害的是回避，它会系统性地破坏孩子的正常生活机能和发展。一定要知道，由于简单的生理机制，焦虑感会在较短的时间内自动减弱。焦虑与荷尔蒙系统的活动（肾上腺素和去甲肾上腺素的排泄）有关，与心血管活动的增加（呼吸频率、心率和血压的升高）以及肌肉紧张度的升高有关。这些反应的目的是使机体为紧急的"战斗或逃跑"生存反应做好准备。在没有实际危险的情况下，身体会生成处理过程来抵消肾上腺素和去甲肾上腺素的升高、心血管活动和肌肉紧张的增加。因此，焦虑是一种身体机体自然中和的机制。当孩子们暴露于诱发焦虑的外部刺激并保持在这种状态下时，他们会发现，自己的焦虑感经历了最初的激增后会自然下降。那些愿意接受认知行为疗法治疗的焦虑症儿童报告了这样的反应："我原以为我的焦虑会一直上升，直到我死去或疯掉，但我发现它实际上下降了！"这类体验对于复原力的发展至关重要。

然而，孩子们有时不愿意去经历这些，所以无法体会到"事情并没有那么糟糕"。在这种情况下，家长改变自己的做法可能是让孩子发生改变的先决条件。

接受适当指导的家长会影响孩子的焦虑体验，即使孩子坚决拒绝任何帮助。这种现象并非罕见，大约有 50% 患有焦虑症的儿童拒绝接受治疗。在针对拒绝接受任何形式的治疗的儿童所做的研究中，我们指导孩子的家长从保护转向支持，使孩子逐渐暴露在产生焦虑的外部刺激下。经过十周的治疗，孩子的焦虑水平显著下降。他们的进步与那些愿意接受焦虑治疗的儿童是一样的。令我们惊讶的是，在家长们接受了指导后，绝大多数的孩子改变了主意，也愿意接受治疗。当被问及为什么改变主意时，他们中的大多数人说："以前我认为，如果我不得不处于一种可怕的境地，我就活不下去了。现在我知道，我可以活下来。所以，如果我得到治疗，我的恐惧感可能会消失得更多！"[1]

维持生活的正常运作

面对孩子的焦虑，家长最难抵御的诱惑是，为了减轻孩子的痛苦而降低对孩子正常生活机能的要求。例如，如果孩子有夜惊，家长就放弃让孩子独自睡在自己床上的期望；如果孩子有分离焦虑，家长就时时处处把他们带在身边；如果孩子表现出痛苦，家长就推迟或取消上幼儿园；如果孩子害怕上学，家长就让他们待在家里，并根据焦虑症患者的要求调整家里的正常生活秩序。这一过程可能不会随着孩子的长大而结束，相反会持续到青春期甚至成年。面对孩子的痛苦，家长常常感到束手无策，有时会为孩子提供一个"退化的避风港"，而这个保护性的环境大大降低了孩子回归正常生活的可能性。

一个男孩（19 岁）患有严重的雷电恐惧症。他在痛苦中不断地向父母施压，要他们给自己建一间隔音室。最后，父母妥协了。每次暴风雨来临之时，他都会躲进自己的房间，甚至用隔音耳机来隔绝外

---

[1]　Lebowitz, E., Omer, H., Hermes, H., & Scahill, L. (2014). "Parent Training for Childhood Anxiety Disorders: The SPACE Program". *Cognitive and Behavioral Practice, 21*(4), 456–469.

部的声音。

这种反应对缓解病情并没有帮助。相反，他开始害怕任何状况，起先是害怕打雷，后来包括下雨，哪怕只有一点点可能性，他都会躲进这个房间。渐渐地，他的恐惧症越来越严重，以至于大部分时间他都要待在那个安全室里。他又向父母和祖父母施压，要求他们在那个房间里安装一个复杂的视频系统。渐渐地，他的父母为他建造的庇护所变成了一个退化的避风港，这一切使得他的机能恶化到了有史以来的最低水平。

这个极端案例诠释了许多年轻人生活退化的一个过程，尽管方式各异。在过去的几十年里，年轻人脱离外界、与世隔绝的现象越来越严重。在日本，这已成为一种名副其实的流行病。这种现象被称为"蛰居族"（hikikomori）。据官方估计，在日本有 100 多万这样的年轻人（主要发生在男性群体中），他们的生活完全与世隔绝。我们的研究也记录了西方世界的类似现象，并提出了治疗的方法。[1]

即使问题没有达到"蛰居族"的程度，家长为孩子提供"退化避风港"的负面后果也很明显。因为社交焦虑、害怕失败和表现不佳，无数年轻人放弃学业、就业甚至社交生活。当家长为他们的孩子提供"退化的避风港"，满足他们所有的生活需求，提供无限的隐私和互联网时，也就在无意中支持了这些过程。显然，电子服务进一步严重恶

---

[1] Dulberger, D. & Omer, H. (ibid.).

化了这种孤立的趋势，从这一点上来看，我们可以断言，如果没有虚拟现实的存在，出现这种现象的概率会大大降低。事实上，这些年轻人之所以选择放弃现实世界而投奔虚拟世界，是因为虚拟世界里没有外部世界的那些困难和挑战。

为了有效地维持正常生活，家长需要对责任有清晰明确的概念。没有什么比责任这一观念的过时更能代表当前家长职能的侵蚀和错位了。对许多人来说，"责任"这个词已经变成了一种尖锐、恼人和过时的声音。人们的理想是，孩子们的行动要完全基于理解和同意，而不必出于责任。根据这一概念，当孩子拒绝履行义务时，唯一合法的解决办法是对话和说服。事实上，对话和说服是育儿的关键过程。家长必须向孩子解释为什么某些事情是必要的。但当孩子无法被说服时，该怎么办？当孩子拒绝对话的时候该怎么办？或者当孩子没完没了地跟你扯皮时，又该怎么办？秉持"对话和说服是激励孩子唯一合理的做法"这一信念的家长，在遭遇孩子的拒绝时往往会感到无能为力。

有时，家长会选择治疗，把它当作对话和说服过程的一种延伸。他们希望在这个过程结束的时候，孩子们能真正地从内心里被说服。事实是，即使有人不同意这些责任和义务，没有它们，任何人类社会都无法生存。

在我们这个极其重视对话的社会里，在有些情况下，必须停止对话，用责任说话。事实上，绝对依赖对话会让这个过程变得没有尽头。我们都认识一些孩子，他们懂得怎么在无尽的讨论中拖累父母。

这些孩子很清楚，只要讨论还在继续，行动就可以被搁置。面对这些孩子出色的辩论能力，家长既无奈又敬佩。几乎每一位家长，在跟我们谈起他们的孩子如何能够让讨论永远持续下去的时候，脸上都带着欣赏的笑容。的确，这种欣赏是应该的，但这种无助是有害的。家长应该有能力结束讨论，即使没有达成共识。及时结束每一次应该结束的讨论都是家长责任的体现，哪怕孩子拒绝接受。在这些情形下，家长必须成为责任的坚定化身。结束讨论是在告诉孩子："这是我们的责任！"当家长们以强调自己的责任来结束讨论时，专注点就从言辞转移到行动上了。家长要传达这样的信息：从现在起，他们将按照自己的责任行事，不管孩子是否同意。声明"这是我们的责任！"也传达了最根本的家长关怀的信息："我们就站在这里，我们别无选择！"

家长的责任是家长采取果断行动维持孩子正常功能的保证。这是家长撬动孩子去克服恐惧的支点。依靠这份责任，家长可以遏制一些有问题的情形，比如孩子一直睡在家长的床上、孩子一刻也不肯跟家长分离、逃避上学等。

家长们用"这是我们的责任！"这句简单的话来解释这一变化，但并不等于家长的工作就到此为止了。他们必须行动起来，对孩子的问题行为设定一个爱的边界。在这个过程中，家长不能认为自己在做对孩子不友善的事情。这并不是让他们做"坏家长"，而是刚好相反。只有站稳脚跟，他们才能为孩子们提供一个锚，帮助他们克服焦虑，不再随波逐流。

莫伊舍尔（9 岁）是一个极端正统派犹太教家庭的小儿子。他是家里的第一个儿子，在他之前，家里已经有了七个女孩，他比七姐妹中最小的还要小六岁。他的父母亲（梅纳赫姆和利亚）以及姐姐们，都对他格外关照。

莫伊舍尔是个非常挑剔的孩子，有着极强的感官敏感性。如果洗好的衣服不够柔软，新烤的面包有点烫，或者袜子的边缝有点儿压脚，他都会表现出明显的不耐烦。因为他的分离焦虑，母亲或姐姐中总有一人需要一直陪着他。如果他的母亲因故不能陪他，姐姐们就得有一位缺课或请假来陪伴照顾他。

在过去的两年里，莫伊舍尔经常缺课。每当早上醒来感觉身体有点儿不适的时候，或者头天在学校跟某位老师有了不愉快经历的时候，或者做了噩梦的时候，他都会拒绝上学。这时候，全家人就都要围着他转。每个人都被莫伊舍尔的这种需求绑架着，却没有人敢提出异议。

莫伊舍尔连续缺课整整一个月后，他的父母前来咨询。在与家长进行了一次会面，并与他的姐姐、姐夫进行了第二次会面后，治疗师向莫伊舍尔的家人传达了以下的信息："我不认为莫伊舍尔有任何精神障碍。他一生中最大的问题就是他所拥有的王子般的地位。这个地位远远高于他所要承担的责任，不仅高于他自己所有的责任，也高于所有其他人的责任。只要他提出愿望，父母和姐姐就会将他的愿望置于他们自己的责任之上。因为莫伊舍尔有需要，他们就会一整天不去上学或上班，以便满足他的需要。如果一直享有这种扭曲的地位，他就无法成长。他还远远没有学会自己承担任何责任。为了学会为自己承担责任，他首先需要明白一件事，即其他人都有自己必须做的事，每个人都有不可推卸的责任。"

这种表述第一次引发了其他人对莫伊舍尔不可动摇的王子地位的不满，首先是姐姐，然后是母亲。具体地说，他们建立了一个"责任轮岗"。这个"责任"并不是指轮流承担照顾莫伊舍尔的责任，而是指看护者在接到电话请求后要立即回到自己的工作或学习岗位的责任。

项目开始时他们决定，无论谁来照看莫伊舍尔，都会接到一个"岗位电话"，要求他们立即返回学校或工作单位。姐夫们兴高采烈地担当起了"岗位电话呼叫员"的角色，原因之一是他们都厌倦了妻子被"王子"随叫随到的调遣。每当接到这样的岗位呼叫电话，莫伊舍尔都需要在当下做出一个决定，要么一个人待在家里，要么跟随照顾他的姐姐去学校或工作单位。

莫伊舍尔不喜欢待在那些地方。待在姐姐学校的时候，他需要跟门卫待在一起，而那个门卫是一个根本不承认他的王子地位的人。要是在姐姐或母亲上班的地方，莫伊舍尔就不得不待在另外一个房间里，以免碍事。

没过几天，莫伊舍尔的父亲就把他送回了学校。咨询工作又继续进行了几周，以确保莫伊舍尔不会再回到"王子"的位置。

这些年来，他们家又因为一些其他状况前来咨询，在这个过程中咨询师又重申了一些看护者可能被侵蚀了的职责。14岁时，莫伊舍尔像社区的其他孩子一样，毫无困难地在一所寄宿学校上学。

摆 脱 孤 立

　　家长经常会问，为什么他们需要其他人的支持来帮助孩子应对焦虑感呢？难道他们不能独自完成吗？正如我们在谈论支持者的那一章中所解释的，当家长有了支持网络的帮助时，他们行动的效率会提高。我们必须记住，那些焦虑的孩子和父母是如此习惯于彼此的行为，他们就像一台润滑良好的机器，面对焦虑时总是以同样的方式行事。孩子们非常知道如何向他们的父母施压，而家长几乎会自动地对孩子的痛苦信号做出反应。在这种情形下，其他人的进入会给这个系统带来新鲜的空气，在系统中创造出以前不存在的回旋空间。在家长和孩子完美协调的齿轮中，支持者的介入为新的运动创造了空间。此外，孩子在自己的父母跟前通常会表现出特别焦虑、依赖和孩子气的特质，而在其他人面前则会表现出相对更成熟也更有能力的个性。其他人的参与证实了我们的这一期待。这些过程创造了一个全新的心理和人际环境。如果说从前的环境对焦虑症而言是有滋养作用的理想环境，那么现在的环境对于焦虑症而言就是一个能够鼓励患者积极应对的环境。

　　在与焦虑症儿童的家庭合作中，我们见证了无数的成功案例，因为支持者的参与而改变了孩子和家长应对焦虑的能力。一个值得提及的案例是关于分离焦虑的应对。当亲戚、朋友或幼儿园工作人员知道如何面对和支持那些表现出分离焦虑的孩子时，孩子们会应对得更好。另一个例子是患有强迫症（OCD）的儿童，即那些极度害怕被污染的孩子，或者需要通过重复的仪式进行无意义的行为来缓解焦虑的孩子。这些孩子与其他人在一起的时候，通常能更好地应对有问题的状况。

还有一个例子跟一种较为常见的恐惧感有关，我们开发了一个流程来帮助那些家庭。有些孩子不肯在自己的床上睡觉，他们每晚都要跑到大人的床上睡觉。我们指导这些父母选择一个合适的周末，做一个至少离家两晚的安排，期间邀请与孩子和家人关系密切的支持者（如阿姨、叔叔或密友）帮忙照看孩子。我们指导这些支持者合理地回应"孩子的呼救"。支持者守护在房间外面，让孩子独自睡觉。他告诉孩子可以求救，但最多每十分钟求救一次。支持者会在听到呼救的时候走进房间，陪孩子待上一小会儿，但是不允许孩子起床，只提供精神支持和鼓励。支持者甚至可以给孩子一个闹钟，让他知道什么时间可以呼叫支持者进房间。支持者还告诉孩子，如果呼叫的时间间隔不到十分钟，他就不能进到房间，但他愿意在另一个房间里大声回应孩子，告诉孩子"还有多少分钟"。如果孩子试图在半夜跑到支持者的床上（这是很少发生的情况），支持者则必须把孩子带回到他自己的床上，并温和地说一些鼓励的话。通常，第一个晚上会折腾很久，孩子要很晚才能入睡。第二天，他们都会早早起来，然后出去进行一天消耗体力的活动（游泳池、表演、玩耍）。到了第二天晚上，孩子们的情况就大不一样了：因为疲惫，更容易在自己的床上睡觉（因为昨晚已经睡过了）。所以，孩子在第二天晚上总是入睡得更快。第三天家长回到家中的时候，每个人都很清楚，孩子是可以独自睡觉的。接下来要做的就是，把取得的成果保持下去，把这种能力迁移到家长在家里的情形中。

还有一种让支持网络变得至关重要的状况是大规模的紧急突发状况，例如战争或自然灾害发生的时候。在这种状况下，成立家庭互助组织被证明是防止创伤后应激反应的主要机制之一。以色列在战争中总结出的大后方的教训之一是，试图通过个体治疗帮助受害者远不如与家庭合作、社区合作或学校合作更加有效。维持社会凝聚力已被证明是促进康复和疗愈的主要因素，也是防止心理创伤的最佳免疫之一。对孩子最大的伤害莫过于由于孩子的焦虑状态，把他带出人际交往的圈子。孩子最不需要的就是被长时间地安置在家里的某个角落与世隔离地生活。

再一次：支持，而不是保护

从保护到支持的角色转变对于帮助孩子成功应对焦虑至关重要。当家长试图保护孩子免受焦虑之苦时，就是在保护孩子。当家长显示出他们知道孩子正在经历的感受，温柔但坚定地推动孩子发展其正常功能时，就是在给予支持。支持的一般原则包括：让孩子知道父母亲看到了他的痛苦，鼓励孩子迈出一小步，敏感地持续推动，跟孩子一起商定计划的细节。

让孩子知道你看到了他们的痛苦

没有对孩子所面对的困境表达认可，就无法很好地支持到孩子。任何认为孩子在假装或者在有意操控的暗示都会破坏所提供的支持。患有焦虑症的孩子确实很痛苦。对孩子说"我知道你很痛苦，我知道你的恐惧是真实的"，并不会降低孩子克服困扰的意愿。事实上，情况刚好相反。

穆拉德（10岁）患有严重的焦虑症。他担心妈妈出事、自己生病、战争爆发、地震发生，甚至太阳不再升起。每次感到担心的时候，他都要打电话给他的母亲莉娅。

治疗师帮助莉娅理解到，这种电话互动的帮助模式就是一种典型的过度保护，只会加深和延续儿子的焦虑反应。理解到这一点之后，莉娅告诉她的儿子："我意识到，你每次一打电话我就接起来的做法一点也不好！我知道你确实很痛苦，但是每天跟你通几十个电话并不是在真正地支持你。从现在起，上班时间我不再随时接听你的电话了。你可以给约翰（莉娅的男朋友）打电话，他愿意接听你的电话。我晚上下班回家后，可以跟你坐下来一起谈谈你今天过得怎么样。"

那天晚上，莉娅回到家的时候惊讶地发现，她的儿子穆拉德只给约翰打了两个电话。约翰的鼓励显然比莉娅的安慰更有效。穆拉德的担忧大大减少了。当那些事情真的发生时，穆拉德已经有了比以前更好的应对能力。莉娅也一样。

鼓励一小步

　　克服焦虑几乎从不可能一蹴而就；相反，要逐渐暴露才能一点一点地改善。因此，重要的是设计一个渐进的暴露计划，让每一点改善，即使是最小的改善，都能得到认可和鼓励。

　　前面的那个案例——母亲停止在上班时间接听儿子的电话——就使用了渐进的做法：在妈妈不接电话的时间里，穆拉德可以从妈妈的男友那里得到帮助；妈妈每天晚上下班后都花时间和穆拉德坐上一会儿。另外，妈妈和约翰慷慨地鼓励穆拉德的做法也在告诉我们，即使最小的成就也值得被肯定。

　　有效支持的一个重要做法是，发现小小的成就，给予大大的肯定。焦虑的孩子和他们的家长习惯于盯着杯子里空掉的那一半，也就是说，他们总是盯着那些表明孩子仍然有些焦虑症的行为。学会留意并强调水杯里尚存的半杯水，甚至哪怕是四分之一或十分之一杯的水，都会改变你看到的画面。

　　比利（11 岁）害怕单独待在他们家楼上的卧室里。即使父亲杰克站在楼下大声地跟他说话，他也不敢独自待在那里。只有早晨刚起床的时候，才敢独自上楼。杰克跟他说："你早上的时候总是能战胜恐惧！那时候你敢一个人在楼上呆上好几分钟，独自刷牙和穿好衣服。你是怎么做到的？"比利用他典型的幽默回答道："早上的时候恐惧可能还没有醒过来！"这个回答给出了一个新的思路："我们最好在恐惧苏醒之前，采取出其不意的行动！"杰克和比利一起策划了一场针对恐惧的"突然袭击"。杰克站在楼梯旁边的房间里，比利一个人跑上几个台阶，站在那里等待"恐惧从突然袭击中醒来"，然后下来。杰克和比利一起数他登上的台阶数，以及"恐惧从突然袭击中醒来"所需的秒数。杰克和比利画了一个图表，用楼梯数和秒数作为横轴和纵轴，来跟踪他的进展。比利是一个非常有进取心的孩子，他立刻对这个游戏做出积极的反应，在两个方向上都取得了进步。几天之后，他就登上了最高的台阶，并设法在那里停留了半分钟。比利住在国外的祖父通过电子邮件给比利颁发了一个证书，祝贺他在克服恐惧的道路上取得的第一次胜利：比利在二楼上整整站了两分钟！

灵敏地推动

积极鼓励是支持过程的一个方面，另一方面则是要明智而审慎地推动孩子承担适当的责任。在推动的过程中，家长需要跟孩子不断重申的是，他们不会再像以前那样插手孩子的事情。只要家长继续代替孩子完成他原本可以独自完成的事情，孩子的依赖就不会停止。一些简单的规则可以帮助家长避开这个过程中的一些常见错误。首先，发出的信息应聚焦在家长身上，而不在孩子身上。如果你发出的信息聚焦在孩子身上，比如跟孩子说"你可以自己做"之类的话，就有可能引发抗拒，甚至给孩子带来负面挑战。也就是说，他们有可能会向家长证明，他没有能力完成任务。只消用一个简单的声明告知孩子，家长将停止干预，因为这对他们来说好像是不合适的，这样就会较少引发抗拒。孩子会自己得出结论，即他们需要靠自己完成这件事。外部支持者也可以协助孩子培养完成工作所需的能力。

约翰尼（10岁）患有社交焦虑症，这使他很难与家人以外的其他人交谈。他非常喜欢读书，母亲黛博拉每周开车带他去图书馆一次。约翰尼先挑选出要借阅的书籍，然后把它们交给妈妈黛博拉，由她跟图书管理员交谈、借书，约翰尼则一声不吭地站在她的身边。

当黛博拉意识到这种做法不仅没有帮助到约翰尼，反而使他的问题变得更糟时，她告诉约翰尼："从现在起，我不再替你跟图书管理员交流了，因为这么做不合适。我还是会带你去图书馆，但我会在旁边找张桌子坐下来，在电脑上做自己的事情。"

约翰尼做了个鬼脸。这一次当他读完了借来的图书，请妈妈带他到图书馆借新书的时候，黛博拉像往常一样带他去了图书馆。约翰尼在书架上搜索书籍时，黛博拉一言不发地在一张桌子旁坐下，打开了她的笔记本电脑。过了很久，约翰尼才终于找到了他想要的那些书。他拿着这些书悄悄地走到黛博拉跟前，希望她还能像过去一样替他完成借书的过程。黛博拉看了看他选择的书籍，称赞了他的选择，然后微笑地看着约翰尼，向图书管理员那边轻轻推了推他，鼓励他去自己处理。约翰尼犹豫了片刻，最终还是完成了借书的过程。

还可以像第五章中所描述的那样，用声明的方式通知患有焦虑症的孩子，家长即将停止不适当的支持。下面这个例子就是家长用口头和书面形式向患有夜惊和分离焦虑的女孩发布的声明。

"玛拉，我们知道，每当你需要独自待在家里，或是上床睡觉的时候，都会非常痛苦。我们可以看到，这些时刻对你来说有多么艰难，这些恐惧给你的生活带来了多么大的伤害。然而，我们意识到，到目前为止，我们所做的一切——总是陪着你，让你和我们一起睡在我们的床上——不仅没有帮助到你，反而让事情变得更糟。因此，我们决定不再忽视这个问题，不再屈服于你的恐惧。我们将采取以下行动：我们会离开家，先是短时间的，然后是较长时间的；我们不再让你睡在我们的床上；我们也不再对这个问题保守秘密，我们会告诉任何能够为我们提供帮助的人。我们愿意为你提供任何帮助来应对恐惧，包括治疗，如果你愿意的话。但是我们不再向你的恐惧投降，因为那不是支持。"

协商计划的细节

好的支持有一条重要规则，即重视与孩子的合作。通过与孩子的合作取得缓慢的进展要好过没有合作而单纯追求快速的进步。家长向孩子发出声明后，就应该停止提供那些不适当的支持了，但是可以探讨能为孩子提供的帮助有哪些，例如来自大家庭或专业人士的帮助。事实上，适当的治疗可以帮助孩子克服焦虑，但是切不可用"不再提供不适当的支持"作为筹码让孩子同意接受治疗。与孩子达成这样的妥协可能会导致治疗的失败。有时，家长可以让一位支持者参与这个过程，协助沟通，管理改变的节奏和进程。通常，孩子们跟支持者进行协商时会表现得更成熟一些。

杰克（17岁）在12岁那年经历了一场车祸，自此以后就对父亲伊茨产生了深深的依赖。虽然杰克的身体已经完全康复，但每当伊茨因为工作不得不出差的时候，他都感到难以与父亲分开。每次父亲出差之前，他都会给父亲施加沉重的情感压力。

事故发生后的头几年里，伊茨大幅减少了公出的机会，和妻子的旅行也完全停止了。渐渐地，杰克的父母发现，这种生活模式对每个人都是有害的。他们告诉杰克，他们要重新过上正常的生活，像其他的家长一样一起去度假，伊茨也会正常出差。

杰克很生气，指责父母对他不公平，大喊大叫地说他做不到，然后砰的一声关上门离开了家。父母亲对他的情绪反应很熟悉，也知道这些反应来自杰克内心深深的焦虑。但他们也明白，目前的状况若是再继续下去，只会使问题永远得不到解决。

这次冲突爆发一周后，伊茨把第二年的出差安排做了一个计划，同时打印出来给了杰克一份。杰克再次发起脾气。但这一次，杰克的祖父出现了。祖父是杰克生活中的一个重要人物，他告诉杰克，伊茨不在的时候，他可以帮杰克应对困难。他还建议他们两个人坐下来商量一下，看看在父亲出差不在身边的日子里怎样与父亲继续保持联系，依然能感受到父亲的陪伴。但杰克拒绝了。

第一次出差日期临近的时候，杰克的祖父又一次跟杰克提起了这个建议。这一次，杰克同意做一个合理的日常计划，在父亲出差的日子里与父亲和祖父保持联系。

伊茨按原计划完成了所有的出差。刚开始的时候，伊茨与杰克的通话简短而乏味，部分原因是杰克还在赌气，他想让父亲知道他的情绪。但伊茨很放心，因为儿子与祖父一直都有积极的联络。到了第二次出差的时候，父子间就创造了一种更好的交流方式。只用了短短几个月，伊茨和杰克的关系就明显地改变了，杰克的恐惧也得到了控制，达到了一个可以接受的水平。

结　　论

恐惧是一种情绪现象，它与暴力、冒险或犯罪倾向等行为问题完全不同。确实，那些有问题行为倾向（有时称为"外化问题"）的儿童往往与有焦虑倾向或退缩模式（也称为"内化问题"）的儿童有着根本的不同。然而，这两种倾向的孩子给家长带来的挑战却是类似的。在这两种情况下，家长都需要采取明确的立场，勇敢地面对孩子的情绪爆发和冲动行为。试图独自行动的家长会感到自己站在一个极不稳固的地基上，远不如那些拥有支持网络的家长坚定和稳固。从

"随波逐流"到"坚定在场"的立场转化，对家长和孩子来说都是一次难忘的经历。

有两种立场通常会反复交替地出现，折磨着这些家长。面对孩子的焦虑，他们表现得要么过于保护，要么过于苛求。保护型家长被孩子的焦虑情绪所左右，很容易采取惶恐的行动拯救孩子。苛求型家长则习惯用愤怒和不信任的语言伤害孩子。当两位家长中一方是保护型的而另一方是苛求型的时，一个有问题的态势就形成了。然而，一旦家长能够设法让这个"跷跷板"保持平衡，改变的条件就出现了。即使只有一位家长采取了不一样的立场，也会引发正向的改变进程。焦虑感会因为对焦虑状况的回避而增加，却会随着暴露频度的增加而减少。接受这一原则的家长能够在自己和孩子的生活中做出重大改变。他们克服了对孩子恐惧感的担心，更有效地坚持让孩子履行正常职责。他们向孩子传递出信任的信息，相信孩子有能力战胜恐惧！如果他们还能善用支持网络，则会改变焦虑的生存生态，不再滋养焦虑情绪的繁衍，而是为焦虑的消失创造了条件。

小 贴 士

- 问问自己，是不是那种会削弱孩子应对能力的保护型家长。
- 问问自己，是否站到苛求的立场，让孩子变得更加软弱。

- 问问自己，是否站在了双人跷跷板上，一方成为苛求型家长，而另一方变成了保护型家长。

- 你们为孩子做了哪些不必要的事，从而让他变得更加依赖你们。计划一下，看看怎样逐步但坚定地停止提供这些帮助。

- 问问自己："我们是否为孩子提供了退化避难所？"

- 扪心自问："我是否在为这些问题保守秘密，从而变成让焦虑肆意生长的孵化器？"

- 学习用"我们打算要这样做"的句型来阐明自己的立场，而不是"你必须这样做！"。

- 向孩子传达这样的信息：你能够承受他的焦虑，而不会害怕或生气。

- 用行动发出恢复正常生活的请求。

- 记住："通过与孩子的合作取得缓慢的进步，比试图绕过合作取得快速进步要好！"

- 努力辨识并停止无意义的讨论。可以用"这是我们的责任"来结束这类讨论。

- 创造条件，让孩子逐渐暴露在恐惧的环境中。

- 利用支持者提高孩子承受困难情况的能力。

- 肯定孩子的每一个进步，即使是很小的一步。向孩子显示出，你注意到了并且非常欣赏这些进步。

- 记住：你的坚定立场就是支持孩子的锚。

第七章

学　校

在孩子进入教育系统后，有两种行为属于家长的失职：（1）冲突；（2）不参与。第一种行为的典型表现是，与老师或孩子在学校教育问题上发生冲突。第二种是，将自己置之度外，对孩子上学以及教育的事漠不关心。这两种情况都会破坏家长的警戒性守护和"在场感"，以及孩子的学业前景。另一方面，那些关注孩子作为学生的行为、与教师密切合作的家长加强了自己的地位，改善了孩子在学校各方面的能力。

家长与教师的冲突：我们这个时代的祸害之一

家长的积极参与以及与教师的合作已被证明是学业成功、克服危机和防止辍学的关键因素。相反，当家长的参与变成一种争斗，处处表现出质疑和敌对的态度时，就失去了合作的基础。这样的状况对老师、家长和孩子都是有害的。

保护自己的孩子是家长的一种本能。当感到自己的孩子受了冤枉，处于不利的位置，或者感到孩子的需要和困难没有被理解的时候，大多数家长都会站出来为孩子发声，更别说当感到孩子在学校受到攻击性对待时。如果老师再认定，家长应该为孩子的问题负责时，家长就会更容易与感知到的不公正进行斗争。此时，保护孩子的本能与自卫的本能结合到了一起。

尽管如此,这些基本的本能并不能完全解释,为什么在过去几代里,家长与教师对峙的意愿发生了如此深刻的变化。以前,孩子的失败或对孩子的惩罚并不会像现在这样掀起轩然大波。不得不说,整个社会对待教师的态度发生了一些基本的变化。攻击教师甚至已经成为一种潮流。这种状况显然极大地伤害了教师及其工作能力,但是对相关孩子和家长的伤害可能更大。

尽管对教师的批评有时是合理的,但毫不留情地指控、威胁和试图开除教师的做法往往会适得其反。在描述替代方案之前,我们可以先看看家长与老师之间的冲突所造成的损害都有哪些。

家长与老师的沟通中断

冲突严重破坏了家长与老师之间的沟通。受到攻击的老师确信,家长绝不会正面利用他们听到的有关自己孩子的信息。相反,这些老师担心家长会把这些信息作为"老师不称职"的证据。在这种情况下,老师宁愿闭嘴也不愿如实分享。这大大降低了家长对孩子实施警戒性守护的能力。

同时,受到攻击的教师会毫不犹豫地与其他教师分享他们与家长之间不愉快的经历。这样一来,不仅个别教师,甚至整个学校都会围绕孩子的行为建起一堵沉默之墙。这对于孩子的家长来说是一个非常糟糕的情况。家长失去了了解孩子在校行为的可能性，是无法有效地履行家长职责的。例如，当孩子没有带书本上学、上课迟到、与其他孩子打架时，家长不会收到报告。只有在信息披露变得完全不可避免时，家长才会发现情况已然变得有多糟糕。他们会生气地质问："你们为什么不早告诉我？"这些家长忘记了，这种状况是正是因为他们过去对老师的攻击所造成的。

家长越来越难以实施警戒性守护

与老师发生冲突后，家长警戒性守护的能力不可避免地被削弱，孩子的问题无法得到及时的发现和纠正。家长对孩子的警戒性守护是防止不良同伴、破坏性诱惑和辍学等有害行为发展的关键因素。家长与教师之间的对抗增加了这些风险，由此产生的敌意或疏离感进一步恶化了孩子的行为问题。原因很简单：孩子们了解到家长和老师之间的交流已经中断，所以他们觉得，即使他们在学校里行为粗野，在家里也没有什么可怕的了。

教师变得疑心和敌对

另一种伤害发生在老师对待孩子的态度上。教师也是普通人，当他们受到家长的攻击时，会多多少少不自觉地把自己受到的冒犯投射到孩子身上。尽管绝大多数教师在面对家长的攻击时，都能公平、公正地对待他们的孩子，但并不是每个人都能做到。

孩子不再受行为后果的约束

此外，当家长向校长投诉老师的时候，所产生的负面后果往往大于预期收益。有时，家长会得到短暂的满足感，因为校长会给老师下达命令，批评老师，并推翻老师此前的决定（关于分数和纪律方面），但制服老师并不能真正解决问题，反而会让情况变得更糟。现在，这个孩子被贴上了"有个咄咄逼人的家长"的标签，其他教师可能也会同意这一评价。

一种常见的消极反应发生在校长与家长联合起来针对老师的时候。孩子感受到了来自"上面的保护"，因此感觉自己可以放肆地做任何想做的事。当孩子感到自己可以不受行为后果的影响时，就会迅速而确定地导致其行为的进一步退化。

总 而 言 之

家长与教师发生冲突的破坏性后果让这些情形变成了名副其实的

"教育灾难"。许多家长认为他们在这些情形下"别无选择"。然而，事实上，他们是有选择的，他们完全可以采取别样的行动，让孩子的状况和家长的地位都能得到大大改善。

家长与教师：一种必要的联盟

从孩子进入教育体系的那一刻起，家长和孩子的地位就发生了革命性的变化。从这一刻起，家长不再独自承担抚养孩子的责任，而是有了新的伙伴。从这一刻起，老师和家长就搭上了同一艘船，只有当他们朝向同一个方向划行时，这艘大船才会向前移动。

事实证明，用真诚和尊重的态度呼吁合作往往具有传染性，并易于获得另一方的积极响应。为了促进这一过程，我们制定了一系列家长—教师的外交原则，即"亲师外交原则"。有些家长听到"外交手段"这个词时会笑起来。事实上，这个世界上只要存在共同利益和潜在冲突，就需要外交。若想要改变疏离状态或克服危机，也需要外交手段。"亲师外交"的主要原则包括：达成共识，尊重老师的需求，积极参与，保持诚实，解决沟通中遇到的问题，从微小的改进开始。

达成共识："我们在同一条船上！"

妨碍家长与教师合作的主要障碍之一是彼此抗拒的敌对情绪。在许多情况下，当家长和老师就孩子的问题行为进行讨论时，总会有一种指责的感觉弥漫在空气中。甚至一个看似无辜的问题或评论，比如"你为什么不早点告诉我们？"或者"我们在家里从来没有这样的问题"，都会让老师警觉起来，他们感觉自己的能力受到了家长的质疑。如果老师的回应让事情变得更糟时，比如老师说"我其实在给家长的反馈中提到了两次，但我从来没有得到过回复"，双方的冲突就已然发生了。因此，在对话开始时做一些铺垫，陈述共同利益，说一些诸如"如果我们能够协调行动，我相信我们一定会取得一些进展的"或"我毫不怀疑您在试图帮助我的孩子，即使这样做并不容易"之类的话，都是不错的做法。家长若能设法肯定老师的善意并主动提出合作来开启对话，老师通常也会以同样的方式予以回应。

有时，家长会问我们，为什么要求家长积极开放，而不是要求老师？我们的回答很清楚：这么做符合双方的利益。此外，在谈话过程中不断重申共同利益也是一种明智的做法，比如家长可以说："如果您有时候能跟我说说孩子在课堂上表现得不错的小事儿，我会非常感激。这样，我就可以告诉我的女儿，是您告诉我这些的，她会明白您注意到了她的积极改变，而且我们之间是有经常联系的。我想，这对我们所有人都有帮助！"这种表述可以在教师与家长关系中起到润滑剂的作用，有助于协调并防止摩擦。

尊重老师的需求

　　家长和老师发生冲突的一个根源是，对于家长来说，自己的孩子总是处于中心地位，而老师必须照顾班级里全部的孩子。家长经常要求老师给自己的孩子一些特殊的关照，这可能会让老师与班上其他学生的关系变得困难。确实，有特殊需要的孩子需要特殊的关照，但不应该影响老师对全班学生的关照。比如，要对付一个有多动症的学生，老师必须同时兼顾到这个孩子的具体困难以及全班其他学生的需要。这确实是老师的工作，但也是一种非常难以应对的状况。如果家长忽视了这一点，只关注老师的职责而不关注他们的困难，对话就难以为继。如果家长能够让老师感受到他们理解老师的精力有限，比如"鉴于我们孩子的特殊困难，我们希望能够找到一种方法，在不影响全班同学的情况下支持他做得好一些！"，那么，家长就顾及了他们自己和老师的共同利益，让老师更有可能采取建设性的态度面对孩子的特殊需要。

积 极 参 与

　　家长在开学初与老师的首次接触，对后续合作有着重大影响。家长与老师的第一次会面是一次很好的机会，可以为接下来的对话打下良好的开端。借此机会，家长可以向老师表明愿意在出现任何问题时提供帮助的意愿。一个很好的方式是跟老师提及信息分享的重要性，比如："如果您能告诉我孩子在学校发生的事情，不管是好的还是坏的，我都会非常感激。这会对我很有帮助！"

家长应该为与老师的第一次见面做些准备，可以提前在家里问问孩子刚刚开学这段时间的一些经历。可以让孩子给他们看看各个学科的书本，并询问孩子在课堂上做的第一件事。即使是很小的一些事，也有利于跟老师建立积极的关系，例如："我知道您在教小数，我觉得我儿子有点儿开窍了呢！""我女儿第一星期放学回家很开心。我能感觉到，你们班级的课堂氛围很好！"通过与老师分享他们的这些初始印象，能让老师感受到家长的兴趣度和积极参与，也增加了老师采用同样沟通方式的可能性。

诚实地谈论孩子的问题

破坏合作的一个常见的陷阱是否认或尽量弱化孩子的问题。家长这样做是为了保护孩子的声誉，防止孩子被贴上标签，或者减少孩子被转送到特殊学校的风险。然而，当家长否认或弱化孩子的问题时，隐含的信息是："这不是我孩子的问题，是你的问题！"没有什么比这个更影响家长与老师的关系了。

当家长说"我们很清楚孩子的困难，我们会尽一切努力帮助他"时，情况就完全不同了，这样的立场可以促进双方的建设性对话。当家长愿意公开谈论孩子的问题，并愿意提供帮助一起找到解决方案时，老师就会对孩子表现出更多的耐心和宽容。家长的诚实为共同打造一个联合项目、帮助孩子在学校取得成功打开了大门。

解决沟通中的问题

家长和老师之间的冲突或失联会对各方产生严重影响。生气的时候，我们都倾向于相信责任在对方。问题是，对方也是这么想的。裂痕依然存在，损害也越来越大。

跨越这道鸿沟的一种方法是向相关人员寻求帮助，如校长、学校顾问或教导主任。家长寻求帮助时应该以修补裂痕为目的，而不是为了跟老师算账。通常，如果家长建议调解，老师不仅愿意改进，并且愿意为问题的任何部分进行道歉。这样的情形并不罕见。

我们肯定记得，作为家长也经常会在许多激烈的冲突中说出一些刻薄的话。因此，家长应该表现出善意。在遥远的过去有一个传统的做法，每逢开学之初，或者为缓解紧张局势，家长们都会带给老师们一份象征性的礼物：一个神秘的苹果。在一些关于学校的卡通画册里经常会看到这样的一幅画：一位老师温柔地盯着她刚刚收到的苹果。我们在想，今天的家长或许需要找到另外一些表达善意和尊敬的东西来取代传统的苹果。可以考虑给老师或校长带去这本书吗？相信这样的礼物会使各方受益，包括我。

从微小的改进开始

在与老师加强结盟方面，任何小的改善都可以带来很大的不同。与不同的教师可以有不同程度的合作。只有部分教师，或者更确切地说，只有部分教师和家长之间，才能达到充分的合作。

大多数情况下的合作都是部分的合作，但即使是有限的合作，也比失去联络要好得多，更别说发生冲突了。我们可以画出一个从最糟糕到最充分的合作图谱。我们认为，与老师的合作程度总是可以至少提高一个等级。即使是很小的改善也会产生重大的改变。原因之一是，与一位教师的关系改善往往会波及其他教师，并产生累积的积极影响。我们建议每位家长都可以尝试用以下量表来评估自己与教师及其他工作人员（顾问、校长、副校长）的关系：

（-2）愤怒和相互指责；

（-1）缺乏联系；

（0）正式关系；

（+1）愿意相互通报；

（+2）愿意提供帮助；

（+3）充分合作。

当家长运用"亲师外交"原则时，他们可以在与每位教师和工作人员的关系上提升至少一个等级。积极的接触不仅会影响与此人的关系，还会影响与其他人的关系。因此，一个关系的适度改善也会影响到其他的关系。

维维安是拉菲六年级和七年级的老师。她熟悉拉菲的学习和注意力问题，但也知道怎样让他完成功课并监督他的行为。监督和支持的结合使拉菲能够在困难重重的情况下发挥良好。

然而，由于学校的变化，拉菲在八年级的时候换了新老师多尔。这位新老师对他不了解。拉菲是个内向的孩子，因此在课堂上开始表现得退缩起来。他的成绩下降了，并开始孤立自己。因为拉菲是个安静的学生，他的退步没有被注意到。新老师加上他本人特别安静的特质让他隐形了。一直到几个月后，拉菲的父母才意识到孩子遇到了麻烦。他不再与同学交往，有些科目出现了不及格，并退出了学校篮球队。

拉菲的情绪也开始恶化，大家甚至担心他会陷入抑郁。母亲米拉不知道该怎么办，她打电话给儿子的前任老师维维安，诉说了整个事件发生的过程。维维安说："拉菲是那种不被看见的时候就感觉不到自己存在的孩子！"

维维安与拉菲的新老师多尔进行了交谈。多尔和维维安达成一致，由维维安辅导拉菲那些成绩下降的科目。后来，多尔又让维维安跟特教老师建立了联系，向特教老师介绍了拉菲的情况。这位特教老师经验丰富，不仅关注拉菲的困难，也积极关注拉菲的点滴进步。

维维安的介入很快改善了拉菲的精神面貌。其他一些老师也开始关注他，哪怕只是对他稍加留意，也增强了他的在场感。在进行干预一个月后，拉菲就不再有抑郁的迹象了，他走出了隐居状态，在学校表现得更好。母亲米拉的情况也有所改善。她感到安心，知道需要的时候可以在学校得到帮助。

警戒性守护和支持

警戒性守护是一种灵活的做法：家长的理想参与程度应与孩子的学业成绩和情绪状况相匹配。当孩子表现良好且没有任何危险迹象时，只要表现出对孩子的学业感兴趣并对孩子的一切保持密切关注即可。但要注意保持适当的空间，以保证孩子能够独立学习和进行自我调整。当孩子遇到困难时，应该给予支持。当他们陷入麻烦时，家长应仔细检查发生了什么。如果发现孩子处于危险当中，就要采取果断行动保护他们，帮助他们摆脱困境。这些挑战从幼儿园开始，会一直持续到毕业。

家长需要知道哪些

表现出兴趣的家长会很快了解到孩子的学业和行为表现、社交状况以及与上学有关的心理状态。即使孩子长大了，家长也必须了解孩子生活中的这些方面，以便提早发现问题并及时干预。

为了能够在孩子出现下降迹象时及时加强警戒守护，家长可以定期检查孩子的家庭作业，增加与老师的联系，了解教材和考试日期，关注孩子是否迟到、缺席以及是否有其他方面的纪律问题。这些都是至关重要的信息，掌握这些信息可以让家长更好地支持孩子并防止孩子的学业倒退。家长们问，如果他们的孩子拒绝家长的警戒性守护该怎么办。我们建议他们向孩子传达以下信息："我可以不检查，不调查，只要没有特殊问题。但最近发生的一些事让我有些担心（给出例子）。这些都是出现了麻烦的迹象。我有责任做更仔细的检查，尽我所能确保你的安全。"大多数孩子的心里是接受这一立场的，即使他们提出口头抗议。许多提出抗议的孩子在内心深处是明白家长立场的。

再次强调：支持，而不是保护

当孩子有功能性问题时，家长要做的是支持而不是保护。支持型家长会帮助他们的孩子履行学生的职责，成为更好的学生；保护型家长则帮助孩子卸下学生的责任。以下是一些保护型家长面对孩子出现与上学有关的问题时的常见做法：

- 替代孩子完成家庭作业。
- 为孩子旷课或未能完成家庭作业提供虚假的借口或说明。
- 动手为孩子整理书包。
- 当孩子上学遇到困难时，让孩子待在家里。

以下是支持型家长的一些做法：

- 坐在孩子旁边，帮助孩子完成难以完成的作业，但坚持让孩子自己练习。

- 告诉孩子，他们会帮助他克服困难，但不会为失败找借口。

- 帮助孩子向老师解释孩子遇到的困难，但坚持让孩子参与这一过程，并提供有可信度的信息。

- 理解孩子独自整理书包的困难，在整理书包的时候坐在孩子的身边。

- 当孩子上学遇到困难时，帮助孩子寻找解决方案，但明确表示孩子不能待在家里。

在这些保护型的例子中，家长将孩子背在背上，他们向孩子传达的信息是："我们对你没有任何期望。"或者向孩子发出信号，表示他们无法承受孩子的压力。为了避免孩子或自己感到不适，保护型家长失去了锚定。

加强警戒性守护和实施制裁之间的区别

对行为不端的孩子加强警戒性守护是一项强有力的措施，虽然结果并不愉快，但与常规的制裁截然不同。常规制裁中发出的信息是："如果你表现不好，就会受到惩罚！"当孩子受到惩罚时，隐含的信息是："我早就告诉过你了！"这些都是带有控制含义的信息。这样的信息对许多孩子来说是无法忍受的，尤其是那些固执和叛逆的孩子。他们觉得，为了维护自己的尊严和名誉，必须坚持自己的问题行为，不管有什么威胁或惩罚。因此，惩罚不仅没有达到预期的结果，还会带来相反的后果。

令人惊讶的是，当这些孩子因行为良好得到奖励时，同样的悖论也会发生。这些孩子可能觉得，如果他们因为奖励而改变了自己的行为，就表明成年人可以"收买"他们。所以，他们必须证明自己不是可以"收买"的。如果没有证明这一点，他们的名誉就是负的。如果成年人向孩子传达的信息是"我有责任密切关注你，以免你受到伤害或伤害他人！"，情形就大不相同了。当给出的信息没有控制的暗示时，效果就会特别显著。没有人使用威胁或责备的语言，成年人用他们的声音、身体和语言宣布："保护你是我的责任！我不会放弃你！"

许多家长对此建议的反应是："但是，对我的孩子来说，这就像是一种惩罚！"确实如此，升级的警戒性守护对孩子来说就是在感受一个不愉快的措施。但家长的控制点在他们自身，而不在孩子。"家长在场"频次的增加表明了家长关心孩子、在意孩子的承诺，即使孩子口头上抗议，心里也能感受到这一点。普通的制裁就像试图遥控一样，孩子感觉不到被支持，感觉不到家长的呵护，也感觉不到亲密。在升级的警戒性守护中，情形正好相反。因此，升级的警戒性守护远远超越制裁的意义。

如果家长和教师能够联手，警戒性守护的积极力量就能够发挥到最大。当家长和老师同意共同加强对孩子在某些方面的监督时，会加固自己的地位，并给孩子一种陪伴感，降低风险，这通常也会带来孩子显著的改善。在整个过程中，唯一的"制裁"是家长和老师对孩子的密切关注，经常与孩子坐在一起回顾和总结所发生的事情，提供支持和鼓励，并商定下一步的改善步骤。

与学校相关人员会面

对家长来说，接到学校的电话去面见相关人员并不是一件轻松的事，尤其当这个电话出现在孩子有严重问题行为的时候。家长们能够感觉到电话另一端的愤怒和指控，这种感觉有时并无道理。他们很担心出现难以接受的结果，比如把孩子送到特殊学校。面对校长或老师希望他们纠正错误、管教孩子的要求，家长有时也会感到无能为力。许多在学校顶嘴、拒绝服从命令或者乱发脾气的孩子，在家里也是一样。难怪家长们在面对学校工作人员的期望时感到不知所措！如果家长们在家里都做不到让孩子举止得当，怎么能保证他们在学校做到这些呢？

积极的信息

学校会议可以成为一个积极的转折点。如果家长能提前做好准备，并采取一些简单的步骤，则有助于达成这一目标。家长向学校相关人员传达的信息要减少猜疑，并增加对合作的期待，例如："在会议开始之前，我们想说，这次会议对我们非常重要。我们想知道出了什么问题，也愿意帮助解决。我们希望会议结束的时候能够有一个联合计划。"

这样的信息可能会让校务人员感到惊讶，尤其是如果从前跟这些家长的互动有问题的话。虽然一些教师会感到疑虑，但这样的信息总是可以增加开放性，并减少猜疑。

有时候，家长感到说不出这样的话，因为他们对学校处理问题的方式感到愤怒，甚至对邀请他们参加会议的方式感到愤怒。但请记住，愤怒的气氛不仅会破坏会议，还会伤害孩子。因此，努力引导会议走向合作才符合家长的利益。

透　明

家长应该让孩子知道会议的情况。面对孩子，家长要保持客观的姿态。可以这样告诉自己的孩子："学校让我们去开会。你是我们的孩子，所以我们要去学校帮助你！对我们来说，与老师合作非常重要。我们相信，这种合作对你也有好处！"

这项声明向孩子澄清了家长的态度：他们是站在孩子一边的，但并不意味着反对老师。这样的声明可以避免掉进"家长—老师—孩子"三角关系的陷阱里，不致将三角关系演变成一种权力角逐：孩子煽动家长反对老师，甚至更糟糕的是，家长煽动孩子反对老师，造成家长和老师的对立。

排好轻重缓急

成功的会议能够让家长和老师聚焦于孩子的几个特别的问题行为。为了能够聚焦最重要的问题，必须排好解决问题的轻重缓急：先选择两个或不超过三个问题行为来共同面对。在许多情况下，孩子的问题被描述得非常笼统或模糊，这样的描述妨碍了有效的行动。诸如"没有动力""低自尊""焦躁不安""社交困难"之类，这些都是些过于笼统的描述，依据这样的描述完全无法提供实际有效的解决方案或行动计划。试图给孩子贴上有"心理问题"的标签通常也是有害的。

家长要避免太过发散的讨论，将讨论引向建设性的方向，例如可以说："关于孩子的诊断确实很重要，我们会认真考虑的。但我们实在不想错过这个机会，希望能够聚焦孩子主要的问题行为，拿出一个联合的解决方案，帮助我们所有人更好地处理那些火烧眉毛的问题。我们可不可以试着确认一下目前孩子身上最困扰我们所有人的问题行为？"

这样的要求通常是很难被拒绝的。用这样的方式，家长可以影响会议的进程和结果，即使会议不是由他们发起的，会议议程也不是由他们制定的。当家长表现出合作的愿望并诚实地谈及"最困扰我们所有人的问题行为"时，就会对会议的方向产生积极的影响。

应该注意的是，在很多情况下，谈论这些问题的语调也非常重要。请求的语气越恭敬，获得期望结果的机会就越大。

一些教师感觉很难做到只专注于解决一两个主要问题，部分原因是他们觉得孩子还会以其他方式挑战他们。例如，当一位参与者建议先关注"孩子未经允许就走出教室并与老师顶嘴"的问题时，另一位老师可能会问："但是他上课总是插嘴打岔怎么办？""他老是迟到怎么办？"

这时，家长也可以起到积极的作用。比如，他们可以回应说："我们决定先集中解决两个主要问题，并不意味着必须停止处理其他问题。您可以做您觉得必须做的事，让教学可以正常进行。我只是希望在这里制定一个联合计划，使得我们能够一起合作。我觉得如果我们先一起聚焦主要问题，就可以更好地支持您。"

寻求部分支持者

家长通常会期待所有的老师都能采取一致行动，按照排好的优先顺序共同解决问题行为。这种期望尽管可以理解，但有可能破坏行动计划。事实上，由于教师之间的自然差异，很难保证所有人都能步调一致。因此，家长可以建议老师先寻求一两位被类似问题困扰的其他教师加入这个项目。在这里，有选择地聚集有效力量能够强化而不是削弱我们的行动方案，实现所期待的目标。希望行动完全一致的愿望会削弱这种不完全但有意义的合作。在教师内部寻求支持者时应该总是聚焦于部分教师，而不必期待全员支持，拼命达成全员统一的行动不是我们的目标。

电　　话

在确定了优先顺序后，最好能够在一段时间内做到"老师与家长每日一次电话联系"。家长要用一种尊重的方式向老师提出这一建议，并感谢老师将要为此付出的时间。我们的建议是，先坚持三周"每天电话联系一次"，之后改成"根据需要随时沟通"。重要的是，要进行一对一的电话交流，而不是仅仅使用语音留言的方式。比如，家长可以恭敬地向老师提出建议："我们很希望能够提供最大的帮助，您觉得，我们先用三周的时间保持每天一次的电话联系，怎么样？我们不想给您添太多的麻烦，所以您来建议吧，不管您提出什么建议，我们都会尽力配合。有时候简单几句话就行，我们可以通通气儿，让孩子看到我们是一起合作的。您觉得怎么做最方便呢？"这是一个谦卑而恭敬的请求。家长向老师传达的信息是，"我们跟老师站在一起，希望寻求最有效和最经济的提供帮助和获得帮助的方式"。

关注积极事件

很重要的一点是，在家长与老师的沟通中，一定要提到对"积极事件"的关注。例如，家长可以告诉老师："吉尔今天回家时对数学课感觉很好。""雪莉很自豪地告诉我们，她和几个同学正在准备节日演出，她们准备得很好。"当孩子在学校发生了问题时，我们会指导家长告诉孩子，他们已经和老师谈过了，知道发生了什么，并且会一起想想该怎么处理这件事，例如："我们知道你今天在班上打了一个女孩。我们会和你的老师一起想想，如何确保今后不再发生这种情况！"孩子也许有自己的版本，家长当然会给孩子机会，让他说出事情的原委。这里的重点是让孩子知道，家长与老师之间是合作的。这样一来，可以防止孩子在家里和学校讲述不同的故事。

家长应该每周与孩子进行一次谈话，回顾上周发生的事情，随后，向老师更新谈话内容及结论。有时，应该让从前较少联系的家长给老师打这个电话。家长和老师的配合对许多孩子来说是一件非常令人吃惊的事。如果父亲过去较少参与，那么他的电话就尤为重要。有一位接受我们辅导的父亲笑着说："我给老师打电话对我儿子来说是一个真正的'建设性的创伤'，他非常震惊！"

会 议 总 结

将学校会议的结论告知孩子的最佳方式是发布声明。家长可以提议跟老师一起完成这个过程。家长和老师一起向孩子宣布他们共同抵制问题行为的决定，有其特殊的价值。以下是两个声明的范例，一个是老师当着家长的面对孩子宣读的，另一个由家长在家中发布。

（1）"我邀请你的父母亲来学校见面，是因为过去的几周里你出现了一些我们认为不可接受的行为。因此，我们一起做了一个决定，要坚决抵制辱骂老师和未经允许就离开课堂的行为。你的父母亲将就此事每日与我保持联系。如有必要，我们将会增加相关的工作人员。我们都很在意你、关心你，所以我们不会放弃你，不会任由你的这种行为发展下去。"

（2）"我们和学校的老师坐下来开了一个会，希望找到有效的方法阻止你在课堂上随意走动以及不带学习用具上学的状况。我们决定一起密切关注你，并保持持续的联系。我们相信你能克服这些困难。我们也将尽一切努力帮助你成功！"

当家长们为会议做好准备并在会议中运用我们所描述的原则时，成功的概率会大大增加。令人惊讶的是，一个起初看似令人烦恼的会议可能会变成一个改进的契机。在讨论了"亲师外交"之后，我们向家长们介绍这个如何参与影响学校会议的计划，这不是没有缘故的。外交智慧是一门艺术，它可以防止可能出现的破裂，让会议变得富有成效。要知道，这样的会议经常是以危机感开始的。中文中的"危机"一词是由两个汉字组成，也含有"机遇"的意思。我们为参加学校会议所设计的方案正是为了将"危机"转化为"机遇"。事实上，学校会议是一个绝好的机会，可以让家长和老师联合起来，充当两个相互协调的锚钉，稳定孩子的行为。

上学出门难

对许多家长来说，早晨起来照顾孩子们上学就像是一场消耗战。送走孩子之后，家长们经常带着精疲力竭、心烦意乱的感觉赶去上班。对许多孩子来说，早上起床、穿衣服、准备书包和按时出门都没有那么容易。家长的催促又增添了一份烦躁，让状况变得更糟；而家长的监督和支持作为一种积极参与，可以让事情变得更好。

早上的挑战有其特殊的意味。一日之计在于晨。如果一天的生活始于一种相对放松的感觉，而不是一种混乱的体验，孩子和家长就能带着愉悦的心情离开家门，更有力量迎接一天的挑战。此外，一个成功有序的早晨也创造了一个可用于其他状况的模板。

我们建议把"晨间准备"作为有问题家庭的第一个改善目标。最好的做法是把早上的准备工作分解成若干"子任务"，家长为每个子任务提供监督和支持。此刻的"家长在场"是指家长愿意保持适当的距离陪伴孩子完成每一项"子任务"。家长的支持则表现在，家长愿意为孩子提供帮助，只要孩子能在每个阶段力所能及地做一些事。将早上的任务分解为子任务，有助于家长辨识孩子的困难点，确认哪些情况需要帮助，并知道应该在哪里放慢节奏。

建议在前一天晚上就着手准备：检查课表，装好书包、衣服、三明治。你可以告诉孩子："我们决定帮你为明早上学做好准备。我们知道，要记住并且独自完成每一件事对你来说确实挺难，尤其是早上在你还没有完全清醒的时候。所以，我们需要在前一天晚上就开始准备。以后每天晚上，我们会跟你一起检查你的课表，帮助你装好书包，选好第二天要穿的衣服，还有你的三明治。"重要的是，让孩子为每项任务承担部分的责任。例如，你可以跟孩子一起查看课程表，让孩子自己把书和本子找出来；你们可以一起选择衣服，让孩子把它们一一放在椅子上；准备三明治的时候，也要给孩子一份合适的工作。家长要在每个环节里给予监督和支持，但一定要让孩子参与。

对于那些总是由一位家长单独负责复杂的晨间准备工作的家庭，我们的建议是，改变责任分配。让父亲承担一些以前一直由母亲全权负责的角色（或者反过来），可能会带来改变的机会。即使父亲早上需要早走，也可以在前一天晚上参与准备工作。如果这一切是在良好的氛围下完成的，第二天早上父亲的形象就会出现在孩子的脑海中。事实上，父亲前一晚陪伴孩子一起做晨间准备，就是在"加宽母亲的肩膀"。隔天早上哪怕是母亲单独陪伴孩子做准备，事实上也代表了两位家长。有时，即使已经离异的家长，也有可能达成这样的合作，例如，父亲可以在前一天晚上跟孩子通电话，跟孩子谈论早晨的议程。

在改变晨间议程的干预期间，家长应该比以往早起半小时，如此可适当减轻压力。我们还建议在早上排除电脑、电视或手机等干扰物。家长应提前告知孩子，并采取措施防止打开这些设备。

就青少年而言，可能需要一些额外的手段来落实这些细节，比如引入支持者。对于某些青少年来说，老师的参与可能是一个积极的关键事件。在我们辅导过的案例中，好几个孩子的变化都发生在老师给家里打来电话跟孩子谈论晨间准备的问题之后。在一个案例中，那位老师声称会在早上去学校的路上到男孩家里叫上他一起走。在另外一个案例中，校长承诺早上到一个 16 岁的女孩家叫醒她。在初三男孩的两个案例中，两位高三的女孩同意在早上到他们的家里看一下，作为她们正在带领的社会服务项目的一部分。在所有这些案例中，都是一次访问就产生了变化，并切断了迟到的模式。

霸　凌

对所有的家长来说，最大的担忧之一是，他们的孩子成为学校霸凌的受害者。把霸凌单纯当作纪律问题去处理是一个常见的错误。家长们向学校投诉，希望霸凌者能够受到严厉的惩罚，他们认为惩罚可以解决霸凌问题。但是另一方面，被指控有霸凌行为的儿童的家长则声称这个问题被夸大了，学校采取了不公正的措施。事实上，惩罚并不是解决霸凌的有效方法。即使受到长期停学的处罚之后，霸凌者仍然会继续骚扰其他人。同时，受害者并不会感到安全，因为现在他们开始害怕来自霸凌者的报复了。有时，学校会依赖对孩子们进行有教义的话，但这种对话的问题是，它们往往只能影响那些一开始就已经被说服了的孩子们。许多霸凌者依然我行我素，没有受到丝毫影响。

罗恩（14 岁）焦虑而孤僻。因为学校担心他的抑郁症状，一年前将他转到了一个特殊的班级。没想到他在新的班里很快变成了被集体欺负的受害者，包括一群孩子每天背着老师"友好地"拍打他的后背。罗恩不敢说出是谁在欺负他，因为他害怕事情变得更糟。

罗恩的母亲知道儿子在学校被霸凌，到老师那里去了两次，却说不出谁是肇事者。当罗恩的母亲跟儿子问起这些的时候，罗恩却说："你什么也做不了。他们都是等老师转过身在黑板上写字的时候过来拍打我；老师一转眼他们就回到座位上了，好像什么都没发生一样！"

罗恩的表述在告诉我们，"没有人看见！"。他希望被人看见的愿望只能引起人们的同情。可是，如果霸凌者很灵活，抓不到"现行"，你又能做什么呢？事实上，只要你的愿望是当场抓住肇事者，就会变成一个无法完成的任务。

家长和老师提供监督的深层含义不在于抓住肇事者，而在于创造一种陪伴的体验。当成年人的行为传达出的信息是："你对我们很重要。我们看得到你。我们一直想着你。"孩子们就会感到被陪伴，就不再感到被命运抛弃。监督和陪伴的体验才是关键因素，即使无法让问题事件的所有细节都暴露出来。

伊夫（10岁）是一名新生。尽管他在之前的学校很受欢迎，但在新学校却成了每天被侵扰的受害者。

他主要受到迪伦的折磨。迪伦在班上的"地位"很高，每天早上他都会用拍打伊夫脑袋的方式"迎接"他。有时，还会让其他孩子也参与这个行为。

伊夫的父亲盖布注意到，儿子最近不太愿意去上学，这可是以前从未发生过的事。盖布问儿子是否出了什么问题，伊夫的回答闪烁其词。当这件事再次发生时，盖布跟儿子一起坐下来进行了交谈，他说："我能看出有些不对劲。请不要告诉我'没什么'，因为我知道这不是真的。我非常了解你，我一眼就能看出你出了什么事。"

这次，伊夫的反应不一样了。他能感觉到父亲在"看着他"，带着爱关注着他，并且已经注意到有什么不对劲了。这种感觉使得他愿意开口告诉自己的父亲，他被打了，并告诉父亲是谁干的。但是他恳求父亲不要告诉老师，因为那样的话，别人就会觉得他在打小报告，他不想被视为打小报告的人。

盖布承诺会尽一切努力解决这个问题，而不会告诉老师谁欺负了他。尽管增加了这个承诺的限制，盖布还是创造出了一种监督的氛围。首先，他打电话给迪伦的母亲谈论此事。盖布告诉她，伊夫让他不要跟老师提起迪伦的名字。他让迪伦的母亲把这件事告诉迪伦。盖布补充说，如果双方家长合作，他们或许能以最好的方式解决这个问题，这样做对迪伦也有好处。这种态度使迪伦的母亲很愿意合作。但是如果盖布用指责的口吻和她说话，情况可能就会大不一样。迪伦的母亲告诉盖布，她会跟儿子谈谈，之后再向他报告。

随后，盖布和迪伦的母亲之间又进行了不止一次的对话。迪伦母亲最初的干预让迪伦老实了一周，可是后来迪伦又打了伊夫。这一次，盖布不再满足电话里的交流，他要求面见迪伦的家长。他说，他要告诉老师，伊夫正遭受系统性的侵扰，但他尊重儿子的要求，不会透露侵扰他的男生名字。迪伦的父母再次承诺，回去后一定跟他们的儿子表明态度，他们会认真对待这个情况的。他们答应每天都会关注事态的发展。

同时，盖布向老师讲述了他与迪伦家长的对话，但他信守承诺，没有指认侵扰他儿子的人。这位老师做了一次课堂活动，她在活动中谈到了一些反复遭受侵扰的孩子。她说，她正在密切关注情况，并已与几位家长取得了联系。现在，伊夫、迪伦和班上的其他同学都觉得他们受到了密切关注。

在两周后的一次家长会上，这位老师向班上的家长报告说，班上曾发生过霸凌事件，但一些家长的警觉性很高，使问题得到了及时有效的处理。她要求家长留意自己的孩子在班上感到不舒服的任何迹象。一旦有这样的情况发生，就立即告诉她，如此她可以更密切地观察状况，并给孩子们足够的保护。

家长们可能会惊讶于侵扰他人的男孩家长和老师真诚的合作意愿。事实上，在许多情况下，当家长提出投诉时，其他家长和老师的反应并没有那么积极，他们对投诉家长的反应是怀疑和不耐烦。我们认为，在上述案例中，家长和老师能够有效合作，原因有两点：

- 这位父亲的讲话方式是恭敬的，没有指责，也没有要求严厉的纪律处分。当他给家长和老师打电话的时候，他所传达的信息均是："如果我们能够合作，就会为每个人找到好的解决方案。"这样的信息让别人更加愿意提供帮助，而愤怒和责备的信息则会产生相反的结果。

- 这位父亲为联合行动提供了明确的方向。他给其他家长和老师的信息是："如果孩子们清楚地知道我们在关注着他们，就会有不同的感觉。"提议建设性的行动方案改善了家长和老师之间的合作，而要求纪律处分可能会导致截然不同的反应。

如果受到霸凌的孩子的家长能与实施霸凌的孩子家长进行交谈，即使那个孩子否认自己在霸凌，把自己的行为解释为"只是开玩笑罢了"，合作的机会也会增加。例如，如果那个孩子声称，他们总是受到错误的指责，总是被冤枉，家长们可以说："好吧，我们会密切关注，看看你说的是不是真的。"保持密切关注的决定通常是避免虚假指控的最佳方式，同时也会促使霸凌儿童表现出自我克制。

这一过程经常取决于老师是否愿意以这种方式参与。家长无法命令老师如何行事，但作为老师，却很难拒绝家长积极而恭敬的要求，尤其是当这样的请求得到了几个家长的支持时。这样的一个联合动议通常要在关心此事的家长内部达成。第一步，让被霸凌孩子的家长问问自己的孩子，是否还有其他孩子也被霸凌。感受到家长真正关心的孩子是会愿意与他们分享这些信息的。当家长接近其他同样受到霸凌的孩子家长时，就会形成一个愿意携手合作的群体。事实上，如果家长提出建设性的解决方案，如增加家长和教师的共同监督，无疑也加强了他们对学校的影响力。在这种情况下，即使是校长，也不会无动于衷。

旷　　课

旷课是一个逐渐发展的过程。一开始，孩子只是缺课几天，或者是几节课。然后，孩子会出现连续缺课的现象，有时会最终演变成拒绝上学。经常逃学的孩子会逐渐失去学生身份。这一身份对孩子极其重要，它让孩子有这种基本感觉，即自己的主要任务是学习和上学。在绝大多数情况下，孩子们理所当然地认为自己是学生。学生身份给了他们清晰感、稳定感和归属感。随着缺课时数的累积，这种身份就会开始削弱，一个有问题的替代身份开始取代学生身份。例如，孩子可能认为自己是一个失败者，是病人，或者是非主流的。这些孩子们的参照群体也随之发生了变化，例如，他们开始更多地把自己看作街头帮派的一员、属于某个网络游戏的团体，或是辍学群体和不适应人群。有些孩子试图给自己换上一个积极的想象身份，有时是一种过于夸张的身份。这些孩子幻想着，他们实际上有独特的才能、某种隐藏的能力，或是别人无法理解的创造力。他们在现实生活中的功能越是衰退，他们的想象和能力之间的差距就越大。

维护和恢复孩子的学生身份需要有责任感的成年人采取切实有效的行动，而不仅仅是努力让孩子的内心情感发生变化。因此，对孩子的心理治疗如果没有实际的步骤，往往无法恢复孩子作为学生的身份。只有在治疗中包含明确的措施，保证孩子不能再继续待在家里，并制定出支持孩子重返学校的具体计划时，才能提供真正的帮助。

万一孩子待在家里，家长可以采取一些措施，防止问题性的习惯出现。家长必须确保孩子在正常的时间醒来。重要的是，在该上学的时间段里不能被诸如与朋友外出或看电视、玩手机之类的休闲活动所占据。有时，在问题刚刚出现时，家长们并没有准备去阻止孩子看电视或玩手机等活动。但一旦缺勤开始重复发生，就必须确保遵守规定。因此，最好不要让孩子独自待在家里。家长可以从家庭成员那里得到帮助（比如可以让祖父母帮忙，但是要向他们说明规则），或者带着孩子去上班，如果可能的话。在上班期间，不要让孩子把这样的一天变成节日，而要提供一个让孩子完成学习任务的环境。有时家长会问，这样的做法是否属于过度关注，反而让问题变得更糟？根据我们的经验，如果家长足够小心，不让这样的一天变得太有趣，在问题发生之初带着孩子去上班会是一个适当的处理方式。

处理旷课的一个基本原则是尽早与学校取得联系。有时，家长也会为孩子的旷课找借口，比如当一个容易焦虑的孩子害怕出错后老师的反应时，或者当孩子和家长都担心孩子的成绩受到影响时。这样的解决方案强化了逃学的倾向，也破坏了与老师的关系。因此，向老师报告孩子缺席的真正原因是非常必要的。只有保持诚实，才有可能达成一个有效的联合计划，为孩子克服问题创造最佳机会。

当问题反复出现时，家长就不能仅仅通过电话跟学校联系了，还应该及时与老师见面，一起研究如何加强警戒性守护。对这个孩子来说，仅仅知道家长与学校之间有合作，就已经向解决问题的方向迈出了一步。与老师会面还可以共同探讨孩子在学校可能遇到的困难或影响他上学的相关因素。例如，家长可能会提到孩子在家里诉说在学校遭到个别孩子的霸凌，或者在某个学科上遇到的困难。老师则可以根据他的直接观察提供相关的信息，或准备进行密切监督找出困扰孩子的问题。

如果孩子待在家里不能独自完成学校的作业，家长又无法在上午的时间陪伴孩子学习，则可以把时间换到晚上。重要的是，如果孩子一整天都没有碰过学校的功课，家长也还没有了解当天学习的最新情况，就不能上床睡觉。如果家长确实不能和孩子坐在一起或为孩子的学习提供帮助，应该找一个能够代替他们完成这项任务的支持者。有时候，学校也可以提供帮助，比如让另外一个同学把作业带给这个旷课的孩子，并帮助他完成作业；或者可以请高年级的学生参与，例如作为社区服务工作的一部分。这些措施可以大大降低从偶尔缺勤演变为完全拒绝上学的风险。

结　　论

家长应该随时了解孩子的在校情况，为此，应该与学校老师保持积极的沟通。家长的参与程度取决于孩子的表现。当孩子能够在合理的范围内做好自己的分内之事时，远距离陪伴就足够了。家长可以时不时地兴致勃勃地查看一下孩子的课本，跟孩子一起看看成绩单，偶尔跟老师聊聊孩子的状况。如果发现孩子放松了学习，或在课业方面遇到了麻烦，就需要提升警戒性守护的级别，改为每天与孩子一起检查学校的作业，并与老师保持持续性的联系，互通情况。如果家长能够用恭敬的态度找到老师，提出一种提升警戒性守护的方法，是很有可能得到坦诚对待的。与教师的疏离和对抗不仅损害家长和教师的地位，而且严重影响孩子的学业表现。

小　贴　士

- 让孩子看到你对他们的学业和社交状况感兴趣。问问你自己："我认识孩子在班上的朋友吗？我知道他在用什么课本吗？有什么困难吗？"

- 尝试与孩子的一些同学家长取得联系。

- 与老师保持良好的关系。出现问题时，寻找积极的解决方法。

- 家庭作业是了解孩子的学业、陪伴孩子的重要窗口，需要定期查看了解。

- 如果"晨间准备"让你感到头疼，很混乱，那么好好制定一个计划，帮助你用良好的状态开始新的一天。可以将"晨间准备"分解为若干个"子任务"，部分的工作放到前一晚完成，如此可以帮助孩子学会"井井有条"的技能。

- 当你用恭敬的态度向老师或校长提出请求时，会有更高的概率获得积极回应。

- 霸凌不仅仅是一个纪律问题。要求严惩霸凌者对你的孩子并没有太多的好处。

- 能够察觉到孩子旷课或者逃学的趋势。

- 对孩子的旷课行为要立刻做出回应，与老师一起制定共同监督的计划。

- 与学校老师的所有接触中，谨记一条原则："我们在同一条船上！"

- 无论你的孩子遇到什么困难，请记住："要支持，不要保护！"

- 积极参与，与老师保持良好关系，并持续关注孩子的行为，能够稳定孩子以及他的学生身份。

第八章

屏幕使用时间

合著者：亚龙·塞拉（Yaron Sela），梅拉夫·扎克（Merav Zach）

在导致这一代孩子随波逐流的原因中，没有比智能手机的影响更有普遍性的了。智能手机在孩子们生活中的角色简直堪称"另一个家庭成员"。如今的智能手机几乎出现在孩子与父母和朋友相聚的每一个场景中，但它在这两种情景下所扮演的角色不尽相同。跟同龄人在一起的时候，智能手机经常发挥着社交黏合剂的作用。最近有一次，我（海曼·奥姆）在火车上遇到了一群刚刚放学的青少年，几乎坐满了整个车厢。所有坐在一起互相交谈的孩子，手里都拿着打开的智能手机。这些在一起交谈的孩子，时而直接交谈，时而向彼此展示自己手中的智能手机。很显然，手机没有妨碍他们的交流，而变成了交流的一部分，甚至填补了无话可说的空档，并为进一步交流提供了内容。孩子们并没有迷失在各自的智能手机里，反而用它来彼此分享。然而，当孩子和家长待在一起的时候，情况就大不一样了，只需瞥一眼坐在餐桌旁的那些家庭就一目了然。智能手机似乎总是将人与人分隔开来：孩子们深深地迷失在他们的手机里，跟自己的父母完全不在同一个空间。

谈及虚拟世界，家长们都会有一种深深的无助感。除了有遭遇孩子问题的一般性困扰，面对虚拟世界，家长们还有一种技术上的自卑。孩子们在虚拟世界里如鱼得水，比家长有天然的优越感。家长和孩子在虚拟世界中的关系堪比游客与原住民的关系。对家长来说，这个虚拟世界更像是一个"异乡"，他们从外面打量着这个世界，有种笨手笨脚的感觉；而孩子则像待在自己的家乡，畅通无阻，用这里的逻辑思考，甚至按照这里的价值观生活。因为这样的差距，许多家长选择放弃，将孩子置于独自面对虚拟世界的多重危险之下。面对这种威胁，家长们其实别无选择，只能培养必要的能力，采取主动行动，重塑家长身份，并形成警戒性守护的态势。

孩子在虚拟世界面临的主要风险可分为两个方面：（1）虚拟世界里的内容和互动，比如接触到有害网站、被网络骗子利用或在社交网络上受到霸凌或伤害；（2）从现实世界中退缩，淹没在虚拟世界中。

监督互联网的使用

尽管有这么多的困难和深深的无助感，许多家长依然惊讶地发现，不需要花费很长的时间就有可能学会一种有效的监督方法，从而大大减少对网络世界的陌生感，降低孩子所面临的风险。我们的研究发现，经过短暂的培训，家长们便不再对孩子的虚拟世界感到陌生，可以获得一种掌控感，并有能力采取行动减少有害活动。

与前面所讨论的其他领域一样，分清楚"控制"与"警戒性守护"的不同是至关重要的。很显然，家长是无法控制孩子的，一方面是因为孩子更精通互联网的使用，另一方面是因为互联网无处不在。试图控制孩子使用互联网就像试图阻挡大海的潮流。然而，家长仍然可以保持警戒性守护，充当孩子们的灯塔，指明危险航区，并"抛锚"防止危险的漂流。家长的警戒性守护会引起孩子的自我警戒，能够帮助孩子们在当下和未来做到自我关照。为了做到这一点，家长必须对互联网的危险有一个基本的了解。

互联网的危险

儿童和青少年面临的网络风险主要有以下几个方面：

- 参与违法活动的诱惑，如性剥削、被引诱从事破坏性活动（如毒品、赌博、厌食），以及被要求加入有害群体的可能。

- 购物和做出财务许诺的诱惑——通过智能手机账户让孩子给出确认，甚至不需要提供信用卡的详细信息，这些信息可以通过盗窃个人信息（如信用卡详细信息或密码）而实现。

- 网络暴力，如一些试图在社交网络上羞辱和伤害他人，或号召团体抵制的行为。

- 有害的自我暴露可能为个人的当下或未来带来伤害。

- 计算机病毒或特洛伊木马的侵入使得计算机受损，内容被破坏或信息被盗取。

- 接触与年龄不适的内容，如色情。

- 网络霸凌。

有条理的讨论

面对虚拟世界的风险，家长保持警戒性守护的第一步是与孩子展开讨论。我们强烈建议家长跟孩子进行正式的、有条理的全面讨论，因为这一领域的重要性和风险不是随随便便的简单对话所能解决的。我们提议的正式讨论大约需要两个小时，可以分两次进行。建议家长在讨论结束时，跟孩子签署一份合约，明确彼此的承诺。签订的合约适用于计算机和手机的规范使用。当家长提供的机会同时也有风险的时候，申明"这些机会的提供须以避免潜在伤害为前提"是非常重要的。如果孩子无法履行合同中提到的约定，所签合约即为家长提供了明确的理由来增加监管。这份合约还能使孩子在面对合约中所描述的诸多诱惑时更多地想到家长。我们提议的讨论有三部分。

讨论：第一部分

第一部分从了解孩子在电脑上的活动开始。家长正式地告诉孩子："我要知道你都是怎么使用电脑和智能手机的，而且想跟你达成一些关于安全规则的基本共识。"如果家长能以清晰无误的方式传达这一信息，孩子与你合作的可能性就会很大。家长越是清楚地认识到这个讨论的重要性，就越能用一种不容置疑的态度向孩子表达这一要求。在我们的经验里，孩子很少会拒绝跟家长进行这样的谈话。如果发生了这种情况，几乎可以百分之百地断定，你的孩子正在用有害的方式使用互联网，因此家长必须立刻采取更加严密的警戒性守护措施。

　　讨论的第一部分是让孩子给家长看看他们在电脑和智能手机上进行的各种活动，如玩或浏览各种游戏、微博、微信、抖音以及其他聊天软件和喜爱的网站。家长可以让孩子带他们到虚拟世界做一番游历（就像跟随导游在异地观光旅游一样）。家长不要用审查的姿态，而是要表现出感兴趣的样子。让孩子给你看看他最喜欢的游戏。如果是复杂的网络游戏，可以请孩子做些解释和演示。发自内心地对孩子的游戏感兴趣有助于营造良好的氛围，更好地了解孩子的在线活动。家长不应该满足于"我在玩各种角色扮演的游戏"这类笼统的描述。就像跟孩子谈论体育运动一样，没有哪位家长会对"我在玩球类游戏"这样的回答感到满意。同样，家长应该让孩子对这些游戏做更详细的描述，毕竟这些游戏占用了孩子们大量的屏幕使用时间。当孩子在家长的问话里感受到家长真的感兴趣时，会很惊讶，通常也会做出积极的反应。

　　那些不是孩子微信好友的家长可以让孩子给他们看看他的微信朋友圈。如果孩子显得犹豫，家长可以建议孩子做些修改，然后大大方方地给他们看。这样做可以让孩子少一些被审问的感觉，能从心里感到他的父母亲确实对他的活动感兴趣。

　　谈话的目的不是搜罗孩子的问题信息，而是增加家长在孩子生活中——尤其是在虚拟世界的生活中——的参与度。家长还可以让孩子给他们看看平时喜欢登录的网站，甚至可以说："不然，只给我看那些你感觉挺舒服的网站就行。"还可以询问智能手机应用软件的使用情况，问问最近有什么创新的东西。在某些情况下，家长可以让孩子帮助自己下载安装那些应用软件，并教自己如何使用。

讨论：第二部分

第二部分首先要谈论的是互联网的风险和限制。在这一部分的讨论中，家长要提及前面所列举的那些风险问题。我们建议家长在谈论这一部分时，事先准备好问题清单。带着这样一份清单跟孩子对话显示出家长对谈话的高度重视，那种随性的谈话会破坏对话的严肃性。以下是针对可能遭遇的各种风险所建议的谈话问题列表：

1. 联　　系

- "有陌生人试图联系过你吗？"
- "有人试图让你对违禁的活动感兴趣吗？"

如果孩子说"没有"或不理解你的问题，家长可以通过解释的方式来提问：

- "是否有人试图让你对赌博、毒品或性活动感兴趣？"
- "你是怎么谨慎应对的？"
- "有没有人给你发一些让你感到不舒服的东西？"
- "你的朋友有没有遇到类似的问题？"
- "如果发生这种情况，你会怎么做？"

之后，家长应该简单而平静地阐明自己的立场，而不要使用威胁或说教的方式："你应该能理解我为什么要问这些问题。许多孩子被诱惑参加一些有害的会议或活动。我想让你知道，如果有类似的事情发生，我一定会支持你、帮你保护自己或者摆脱麻烦。如果有任何这类事情发生，一定记得告诉我，我保证会帮助你，不会跟你发火。"

2. 网 上 购 物

- "你有没有在网上或使用智能手机购买过任何东西？"

- "你有没有下载付费的应用软件？"

- "你有没有曾经给任何人或网络商家提供过我们的信用卡详细信息？"

在简单地讨论了这些问题之后，家长们应该补充："一定要非常小心！因为通过智能手机或在线做出的承诺可能会导致难以摆脱的局面。"

家长应该总结他们的立场，说："我们需要跟你说清楚，如果你得到了我们的许可，用我们的信用卡在网上购物，这个许可只限于那个单次的购买。当然，我们也会检查信用卡上的花费。不过你需要知道这些，以免陷入这种无法解决的状况。"

3. 身 份 盗 用

- "有没有人试图得到你的用户名和密码？"

- "经常有人会通过网络让你提供个人信息，理由是系统升级或者改善服务，但这是一个借口。他们的真正目的只是获取你的用户名和密码。

有没有人向你要过这些信息，告诉你他们要改善为你提供的服务？"

在简短提出这些问题后，家长可以补充："除非你百分之百地确定在向谁提供你的私人信息，否则绝不要提供你的用户名和密码。不要通过电子邮件或短信回复任何索取你个人信息的请求。几乎可以肯定地说，这样的短信或邮件都是企图作恶的。"

4.网 络 霸 凌

- "有没有人在微博或其他社交网络上侮辱或诽谤你？"
- "你的朋友遇到过这样的事情吗？"
- "你的同学呢？"
- "有没有人在社交网络上号召一起抵制你认识的人？"
- "如果发生了这样的事情，你会如何反应？"

在快速了解这些问题后，家长应该解释说："我想让你知道怎么保护你自己，怎么避免卷入网络霸凌或团体抵制的事件里。如果发生了这种情况，你一定要告诉我。我保证会帮助你！如果你真的遇到了麻烦，我一定不会羞辱你，而是会尽我所能地帮助你。"

5.披 露

- "很多时候，孩子们会在微信、抖音或一些社交平台上披露自己的一些隐私，但有些事情可能会令他们在事后或将来感到后悔。你觉得你的朋友中有人在网络上披露过一些这样的事吗？"
- "你觉得有没有人披露了在将来对他们不利的事情？比如在将来找工作的时候？"

- "如果你的朋友披露了某些事，你认为这么做不合适，会造成麻烦，你会愿意提醒或警告他们吗？"

在简要检视了这些问题之后，家长们应该补充："你一定要知道，你所透露的关于自己的一些事可能会在将来伤害到你。有些公司专门收集此类信息，有一天你可能会发现，外界知道了一些你不想让他们知道的事情。我们想确定的是，你知道该如何谨慎地处理这些事，不会在一些诱惑下，为了得到同情或给别人留下好印象而迫不及待地披露自己的隐私。这样做会让你付出高昂的代价。"

6. 病　　毒

- "你是怎么保护你的设备免受病毒侵害的？"
- "你的电脑曾经被病毒感染过吗？你怎么处理的？"

在简要谈论过这些后，家长们可以补充："如果你不完全确定发送者是谁，千万不要打开任何消息。有时候，即使是你认识的人发送的消息也可能是有害的。如果消息的主题看上去有些奇怪，似乎不像消息发送者会发送的东西，就不要打开它。"

7. 非 法 场 所

- "你见过色情作品吗？"
- 如果孩子否认曾经看过任何色情影片或图片，可以试着问："如果你还没有遇到过，那么你早晚会遇到，不是在你的电脑上遇到，就是在你朋友的电脑上。如果你被邀请浏览这些网站，你觉得你会怎么做呢？"
- "你是否遇到过提供赌博的网站？"

- "你会怎么做？"
- "你有没有见过美化毒品或宣传疯狂节食的网站？"
- "你会怎么做？"

在简要回顾这些问题之后，家长们应该补充："有很多网站充斥着色情内容。我知道你早晚会遇到它，这是不可避免的。我想让你知道，健康的性行为并不像色情影片那样。它们完全是假的。这些人不是在享受这些，只是为了钱或毒品在做这些。你应该知道，色情行业是一个大谎言！你一定不要被那些试图引诱你去赌博、吸毒、疯狂节食和做其他危险的事情的网站所诱惑。如果有人为你提供这样的一些东西，你一定要让我们知道，这一点非常重要。请相信我们，我们会竭尽所能地帮助你。"

有些家长不愿意如此直接和系统地提出这些问题。他们可能更喜欢自然的和随意的对话，而不是像律师审查法律文件那样正式地逐条讨论。正如我们前面描述的关于如何发布声明时所说的，这种正式感代表的是深思熟虑，也是这项活动的一个关键要素，承接了家长前后两种不同方式的过渡：前期是放任自流的旧时代，后期是家长希望参与的新时代。事实上，家长们为谈话做足准备，带来一系列话题，提出问题，并说明他们的立场，这本身就改变了"家长在场"的程度。从现在起，当对话中所提及的任何一种情况发生时，孩子都会更有可能想到他们的父母。让家长出现在孩子的脑海中是我们所提出的家长警戒性守护的终极目标。

讨论：第三部分

讨论的最后一部分是试图就电脑和智能手机的使用规则达成书面协议。家长们可以说："我们从来没有明确说过如何确保你不会因为使用电脑或手机而在虚拟世界受到伤害，但我们认为这是必需的。我们为你提供电脑、智能手机和互联网服务，必须确保你不会用有害的方式使用它们。因此，我们希望跟你签署一份协议，以保护我们所有人的安全。我从专家那里得到了这个关于安全使用电脑、手机和互联网的建议。你来读一下，告诉我们是否还有其他需要添加的内容。"

安全使用电脑的亲子协议

家长的承诺：

作为家长，我们承诺，会与你就电脑和手机的使用限制保持开放和尊重的对话，这是因为我们相信并认识到这些工具对我们所有人生活的重要性。作为家长，我们会监督你的在线活动，以便能够保护你。但是我们在这件事上的监督行动将是公开进行的。

孩子的承诺：

1.未经家长同意，我不会提供关于我自己和家人的任何信息，如：姓名、地址、电话号码等。

2.如果有人以任何方式接近我，使我感觉受到威胁或不舒服，我会立即告诉家长。

3.未经家长核实，我不会约见任何在网上遇到的陌生人。只有在家长同意的情况下，我才会进行约见，而且是在公共场所。

4.未经家长同意，我不会将我的照片发送给陌生人。

5.我不会对任何让我感到不舒服的信息做出反应或回应。

6.我不会浏览任何我承诺过不去浏览的网站。我不会进入含有色情、赌博、推荐毒品或其他有害活动的网站。

7.我不会参与任何霸凌或团体抵制活动。如果看到这些事，我会思考是否有什么办法阻止它。我会考虑向谁报告，以便把受害者从危情中解救出来。

8.我不会以影响睡眠时间、出勤率或正常学生职能的方式使用电脑或智能手机。我不会以牺牲家庭活动（如吃饭、探亲或家庭郊游等）为代价使用电脑或手机。

（签名）

签署合约是一种承诺，但其本身并不能保证孩子会遵守所有条款。因为合约为家长在孩子不遵守合约的情况下采取适当措施增加了合法性，因此，如果孩子在条约签署后没有遵守合约，家长不会感到无助。另外，如果孩子拒绝签署合约，这本身就是一个警报，表明孩子存在不当使用电脑或手机的情况，需要家长的干预。

如果家长们觉得我们建议的这个过程对他们来说既麻烦又尴尬，而更愿意保持现状，他们必须问问自己，是否在跟孩子共同生活的关键领域忽视了作为家长的职责。虚拟世界已经成为许多孩子逃避家长监督的主要场所。家长回归警戒性守护的位置，标志着一个深远的变化，从根本上重新设定了家长的位置和孩子的安全水平。

忽视真实世界的活动，沉迷于虚拟世界

孩子面临的第二个危险与虚拟世界中的内容或联系人无关，而与他们放弃在现实世界中的活动、沉迷于电脑或手机有关。这里有许多表现：越来越脱离家庭和社会环境，学习成绩下降，与世隔绝，睡眠减退，身体状况恶化，有时完全放弃在现实世界中的所有互动，完全迷失在虚拟世界中。

许多家长问，应该允许孩子每天使用多长时间的手机和电脑，如何限制他们的使用？经验表明，限制孩子每天使用电脑和手机的时间是无效的。这样的限制令家长扮演起警察的角色，每天盯着时间，与孩子为此产生无休止的争论。没完没了的讨价还价氛围会损害亲子关系，并使家长感到精疲力竭。不过，如果家长只是制定一些简单而明确的规则，则更加容易成功，比如吃饭时不准看手机，上学前不准打开手机，晚上 10 点后不准使用高科技产品。这种规则的优点在于更

清晰，不会为限定使用的小时数引发无休止的讨价还价。

家长切莫以为没有系统性的准备就可以落实这些限定。通过口头的要求和惩罚威胁来限制使用科技产品的企图注定会遭遇失败，这是因为科技产品在当代孩子们的生活中有着压倒性和广泛性的存在，家长的抗议是无济于事的。然而，如果家长能够以必要的耐心和认真对待这项任务，情况就会大不相同。要做到这一点，家长们首先应该协调他们的立场，确定要限制的内容，明确宣布（建议通过正式声明来宣布），通过支持者建立后援和合法性，并准备好在违反限制内容时采取果断行动。

本尼和格洛里亚有三个孩子，分别为 15 岁、14 岁和 10 岁。他们参加了一个关于电脑和手机使用问题的讲座。讲座结束后，他们向演讲者咨询了如何改变孩子吃饭时盯着智能手机的习惯，这已成为他们家日常生活中令人不快的一幕。在与演讲者交流后，两位家长都同意将"不许在家庭用餐时使用手机"作为优先事项。他们准备了一份书面声明，把三个孩子召集起来围坐到桌前，告诉他们："最近，我们的家庭聚餐时间已经不像是一家人的聚会了，倒是像一群互不相干的人盯着各自的手机坐在一起。我们一起做了个决定，将尽一切可能改变这种有损于我们家庭精神的状况。你们的妈妈和我将不再在饭桌上打开手机或接听电话，你们也一样，餐桌上不能再有手机。我们将严格执行这项规定。我们会要求你们在吃饭的时候关上手机，这样就不会有来电干扰。我们也把这个决定告知了你们的祖父母、姑妈、姨妈和他们的孩子，因此当我们在家里吃饭的时候，每个人都必须在饭前将手机关闭。"

三个孩子都得到了一份同样的书面声明。声明是在晚餐前一小时发出的。开饭前，家长当着孩子们的面关掉了自己的手机，并要求他们也这样做。没有人反对。

家长请祖父母在周五晚上举办家庭聚餐时遵守同样的规定。在祖父母家里聚餐时进行的关闭手机的仪式也大大强化了家长的规定。

格洛里亚的妹妹对这一决定及其执行方式印象深刻，并在自己的家庭采用了同样的规则。本尼的妹妹不觉得有必要在她的家里设置类似的限制，但她同意每次带着自己的孩子来本尼和格洛里亚家里吃饭的时候遵守这一规定。

当某种警报信号向家长显示，他们的孩子正在非法使用电脑时，家长必须采取最高级别的警戒性守护，即单方面保护孩子的措施。以下是为家长准备的一些相关问题，家长可以根据这些警报信号评估自己是否应该采取果断干预措施：

- 我的孩子在使用电脑时是否锁门？

- 我的孩子是否一直坐在屏幕前直到深夜？

- 我的孩子是否有未经授权使用我们的信用卡进行支付的行为？

- 我的孩子是否因为上网而忽视了学校的学习？

- 我的孩子是否因为使用电脑而不吃饭或逃避其他家庭活动？

- 我的孩子是否因为上网而减少了外面的社交活动？

- 当我们在孩子上网时打断他的时候，他会对我们尖叫吗？

- 我的孩子是否拒绝回答有关使用互联网的问题？

这些都是警报信号，证明你有理由加强警戒性守护。但不要冲动行事，不要指望用威胁或惩罚能解决问题。启动这一进程的最佳方式是发出正式的声明。下面是这类声明的一种可能形式：

我们知道电脑对于你的生活有多么重要。但是，我们最近注意到，使用电脑已经影响到了你在学校的学业，干扰了你的睡眠。因此，我们打算尽我们所能来减少这种伤害，并确保让电脑的使用为你带来益处，而不是坏处。

如果孩子拒绝阅读你们的这个声明或提出口头抗议，家长应该平静地回应："我们没指望得到你的同意。给你看这个声明，只是为了表现公平，我们不会背着你做任何事。这个声明表达了我们作为父母的最高责任，也让你知道我们绝不会放弃你。"说完这段话，家长就该结束讨论，以防接下去可能发生的毫无意义的争论。下面是家长们可以采取的一些实际步骤，以结束破坏性的电脑使用。

限制屏幕使用时间

家长必须设定一个关机时间，过了这个时间点就不可以再使用电脑了。如果孩子不接受这个关机时间，家长就必须设法亲自关闭电脑。但是不要在孩子使用电脑的当下伸手关闭电脑，因为这常常会导致严重冲突甚至暴力升级。

有几种方法可以尝试使用，而不致陷入争斗的陷阱。例如，告诉孩子，如果他不立刻关闭电脑，家长就会让电脑无法使用。在这种情况下，可以趁孩子不在的时候设法让电脑无法使用，例如通过移除某个功能组件（调制解调器或鼠标）的方式达到目的。

另一种方法是，告诉孩子："你还有五分钟的时间来保存你的内容，然后关闭电脑。之后，我们会强制关闭。"不过，如果孩子并没有在五分钟之内自行关闭电脑，不要贸然上前动手按下开关，而要切断电源几秒钟。

对于智能手机，家长可用稳健的方式阻止孩子的非法使用，例如切断 Wi-Fi，甚至停止为孩子的手机付费。如果有支持者的支持，这些做法都能取得很好的成效。

如果家长能够预料到孩子会对无法使用电脑做出激烈的反应，就要等到第二天再关闭电脑，并使其保持在无法启动的状态，直到孩子承诺严格遵守规则。在这种情况下，引入支持者尤为重要。支持者可以通过以下三种方式提供支持：

- 防止冲突升级；
- 站在家长的身后，支持家长的立场；
- 让孩子在支持者面前做出承诺，这比仅在家长面前做出承诺更有约束力。

断　　网

在一些情形下，我们会建议家长临时断网一段时间。这么做并不容易，需要家长坚定的承诺，并提前做好准备。很多时候孩子还需要使用互联网做一些积极甚至必要的活动（如从学校网站下载家庭作业）。在这种情况下，家长应为这段干预期制定可执行的替代方案。许多家长可能都不知道，还有一种可能性，就是为孩子订制每天只有几小时的互联网服务。记住，如果孩子已经习惯于从早到晚坐在电脑前，他会对断网做出激烈的反应。对他们来说，在网络以外找到其他有趣的活动是一件很困难的事，有些孩子会感觉自己已经与整个外部世界失去了联系。尽管阻力重重，但我们辅导过数百个家庭的经验表明，如果能提前做好准备并拥有支持者，任何家长都可以做到这些。我们想强调的是，家长们担心的那些可怕的情景并没有发生。是的，切断互联网和关闭电脑会遭到一些孩子的强烈抵制，但家长有计划、有决心的行动提高了他们的权威，降低了孩子做傻事的风险。

没　收　手　机

这是一项容易引发家长强烈担心的举措。许多人把手机看作是孩子的自然延伸，没收手机像是触犯了神圣的禁忌。家长们也担心，如果他们在需要的时候无法联系到孩子怎么办。因此，有必要事先为这一举措做好充分的准备，而不是凭着一时冲动采取措施。

家长是否有权没收孩子的手机与他们做出的伤害评估有关。当家长评估后得出的结论是，孩子的手机使用方式正在对孩子造成伤害，而且限制使用时间和加强监管等其他措施均无济于事时，没收手机就是一个合理的决定。在我们陪伴家长完成这一过程的大多数案例中，没收都是暂时的，通常是几天，只有很少的案例持续了几周或几个月。

在个别案例中，青少年用自己的零用钱购买了新手机。在这种情况下，他们的家长告诉孩子，他们不允许他在家里使用手机，因为他们有责任禁止任何破坏性的活动。正如不会让孩子在家里使用违禁药物一样，家长也必须在家里抵制任何其他危险性活动，比如滥用手机。

没收手机不应通过强行抢夺的方式来应对孩子的抵抗。这种企图可能会导致暴力冲突。

一种做法是让孩子当着支持者的面交出手机。有些家长已经提前告诉了孩子，如果他们看到他在家里使用手机，就会没收。不过，这些家长都是后来在孩子睡觉的时候才把它拿走（没收）的。即使在这些情况下，支持者的参与也起着重要作用，因为支持者可以向孩子解释为什么家长的行为是正当的，并跟孩子达成合约，如果孩子愿意遵守规定的限制，就可以归还手机。有时，如果第三方以有尊严的方式向孩子提出建议，家长会惊讶地发现，他们的孩子居然愿意接受那些条款，包括曾经对父母拒绝过的一些条款。至于家长们担心无法联络到孩子的问题，则必须为此做一个"电话树"联络单。也就是说，家长需要提前收集一些孩子朋友和联络人的电话号码。这样的提前准备可以让家长在需要的时候联系到孩子。同时，比起通过手机与孩子进行直接交流，这更能有效地向孩子展示家长的在场感。

西蒙和芮妮无助地看着他们的女儿瑞娅（16 岁）辍学，日夜沉迷在社交平台和手机上。他们的亲子关系日渐疏远，瑞娅还对他们产生了蔑视的态度。当治疗师建议他们抵制女儿的疏离，并采取果断行动减少瑞娅在虚拟世界中的活动时，西蒙哭了："这听起来太过分了，就好像你要我切断我女儿的手臂一样！我怎么知道这不会导致她的抑郁或让她做一些极端的事呢？"

在后来的谈话中治疗师发现，瑞娅从来没有扬言要伤害自己，而且一点也不抑郁。治疗师解释说，即使存在这样的威胁，也不能任由孩子牺牲自己的正常生活，沉迷在虚拟世界里。治疗师特别留意到"切断我女儿的手臂"这句话，它表达了一种夸张的恐惧感，也反映出父亲内心对所采取措施合法性的怀疑。

他们花了一些时间，一起为瑞娅可能出现的各种激烈反抗做好了准备，然后发布了一个声明，表示要开始加强监督。当所有其他措施都不奏效的时候，他们关闭了电脑，并没收了手机。令他们惊讶的是，瑞娅的所有抵抗都出现在断网之前，以阻止家长的行动。一旦看到家长当真采取了这些行动，瑞娅立即开启谈判模式。谈判持续了两个多星期。在整个过程中，电脑一直被关闭着，瑞娅也一直没有手机。

讨论持续如此之久的原因是，家长在支持者的力挺下要求明确看到瑞娅作为一名学生的良好表现，才恢复电脑和手机的使用权。事实上，瑞娅在恢复使用电脑和手机后，确实经历了一段艰难的调整期，但手机和电脑对她的负面影响以及她对网络的沉迷度都大大降低了。治疗结束的时候，治疗师提及西蒙在治疗伊始使用的"切断她的手臂"的比喻，父亲说："真不敢相信我居然会这么想，就好像手机和我女儿的生命一样神圣似的！"

***

阿贝德和奈达是马克（14岁）的父母。直到去年，马克都是一名优秀的学生，活跃在童子军中，身边有很多朋友。当他开始玩一款当时流行的网络游戏时，他的父母并没有意识到，儿子的生活正在发生着巨大的变化。仅仅短短的几个月，马克就几乎脱离了所有的社交活动。他离开了童子军，在校成绩也每况愈下。他开始编造各种理由迟到，有时也早退，就是为了在回家之前能在公园里独自玩上一两个小时的手机游戏，晚上也总是躲在自己的房间里玩游戏直到凌晨。他和父母的关系原本很好，现在却完全恶化了，只剩下没完没了的关于游戏的争吵。

马克的父母准备了一份声明，并邀请了祖父母一起来到马克的房间，他们当着所有人的面把这份声明递给了马克。声明上还有叔叔、婶婶和一位表兄罗伊的签名，罗伊是马克一直很钦佩的表兄。马克的父母在这份声明中表示，他们将尽一切努力帮助马克，不让游戏毁掉马克的生活。支持者也以见证人的身份签了名，强化了这一信息。

之后，罗伊邀请马克跟他一起去咖啡馆，因为他想帮助马克找到一个可以接受的解决方案。马克欣然接受了邀请。他们一起来到咖啡馆，经过两个小时的讨论，他们写了一份联合提案。马克用书面形式承诺，在完成当天所有功课之前，绝不会玩游戏。他还当着家长和支持者的面同意，晚饭后才会打开电脑，每天最长使用电脑的时间为 3 小时，由支持者记录他的开机时间，并提前 15 分钟给出提醒。他承诺在收到提醒后会关掉电脑。马克还承诺不在手机上玩游戏，并同意如果违反了这一承诺，他将失去拥有手机以及在房间里拥有电脑的权利。

罗伊还跟马克一起制定了一个补课计划。不到两个月，马克就恢复了常态，所有他曾经忽略了的方方面面都回到了正常。令人惊讶的是，他自己也意识到这个游戏正在毁掉他的生活。没过多久，这个关于计算机使用条款的协议就显得多余，因为马克已经完全停止了玩游戏。

结　　论

电脑和智能手机可能是我们这个时代里令家长"在场感"变弱的主要原因。它们减少了人与人的对话，妨碍了人与人的接触，并给孩子们的生活带来了无法估量的影响。家长恢复警戒性守护能够帮助他们应对不同程度的挑战。在孩子没有滥用的迹象时，家长应该对孩子在虚拟世界中的活动表现出兴趣，请孩子为他们介绍自己的虚拟世界，向孩子表明很乐意跟孩子学习电脑方面的技能和知识。家长还应该与孩子就互联网世界里的危险进行有条理的探讨。我们建议，在探讨结束的时候，跟孩子签订一个互联网使用合约。孩子们对这一请求并不陌生，因为从互联网上下载应用程序时，通常都会被要求做一个勾选，以确认接受其条款。为了在虚拟世界中实施有效的警戒性守护，家长必须做好准备，并愿意在必要时进行坚决的干预。通过学习，家长可以强化自己在这一领域履行家长职能的必要能力：辨别危险的迹象（孩子学业、社交和家庭关系的恶化），系统性地制定限制互联网服务的计划，加强支持者在实施措施中的作用。一旦家长做好了准备，就可以防止电脑和手机的滥用，即使是那些问题已经非常严重的情形也可以补救。那些学会为孩子在虚拟世界里充当"锚"的家长，也将能够在其他风险领域果断采取行动。

小　贴　士

- 家长必须在孩子所处的虚拟世界中展现"家长在场"。

- 不要期望命令、威胁或惩罚能取得成果。采取行动时必须深呼吸，下定决心。

- 请求参观孩子的虚拟世界，通常是能够被接受的。

- 准备一次有计划、有条理的讨论，询问孩子如何保护自己，以防范虚拟世界的危险。

- 建议跟孩子签署安全使用网络合约。

- 有计划的讨论和合约的签署能够增加家长在虚拟世界中的精神存在感。

- 当有危险的迹象出现时，要准备升级到更严密的警戒性守护状态。

- 清晰无误地发布限制。

- 做好准备，必要时减少互联网服务。

- 为你的立场寻求支持者。

- 不要在孩子使用电脑时强行关闭电脑。

- 不要从孩子的手中强行夺走手机。

- 记住：电脑、手机和互联网都是你提供的服务，但它们应该被正当地使用。如果它们的使用带来了破坏性，你有责任停止提供它们。

结　　论

我们这本书的开头就提到，当代父母的角色已经变得不那么明确了。我们描述了父母角色定位的模糊是如何与家庭、社会和技术的变化交织在一起，削弱了他们的功能和承受压力的能力的。唯有把团结的愿景化作具体的方案，才能最好地防止混乱、困惑和漂泊。今天，制定这样一个愿景需要勇气，但如果没有这样的一个愿景，我们就注定会陷入没有方向、没有地图、四处漂泊的境地。因此，即使我的一些读者对我的观点嗤之以鼻，我也愿意大胆地提出我的观点。

冲动的家长需要自我控制

我们的研究表明，即使是冲动性和随意性很强的家长，也有能力冷静下来，控制自己的反应，并克制自己应对挑战性的情况和严重的挑衅。事实证明，自控能力的提高是改善孩子行为和家庭氛围的关键因素。

孤独的家长需要支持网络

现代小家庭的生活方式所造成的封闭性和隐秘性，削弱了家长的角色，增加了孩子们面临的风险，也促使许多家长愿意接受他人的帮助。在与家长的合作中，我们帮助家长看到如何克服那些保守观念，如保护隐私的本能、羞耻感、求助等于软弱以及找不到重要支持者的错误信念。我们也让家长们看到，那些乐于打开自己、敢于求助的家长如何成功地克服了无力感和无助感。他们在这个过程中创造了一个新的环境，打开了通往真正改善的道路，而不再任由孩子的问题长期存在。这些做法强化了家长的力量和合法性。

被边缘化的家长需要加强"在场感"和警戒性守护

我们把那些家长重新扮演"孩子的领路人"的家庭所发生的变化描述为"家长的回归"。我们让家长看到，即使孩子们抗议，他们的内心也有一种声音支持父母的行为。事实证明，增强家长的在场感、改善警戒性守护可以减少所有年龄段孩子所面临的各种风险。

混乱的状况需要设定"爱的边界"

我们让家长看到，设定"爱的边界"比"约束"有更多的意义。

父母不只给孩子设定边界，也是在给自己设定边界。我们描述了父母可以做出改变的各种方式，使得曾经的惩戒性互动变成"爱的边界"的体验，从而大大改变了整个家庭的生活状况。

浮躁的家长需要坚持和持续

那种轮番使用禁令、喊叫、责骂、威胁，并深感挫败的养育经历，可以逐渐被改变，形成连贯的、一致的和坚持不懈的养育经历。家长们学会了坚守红线，而不是嘴巴里吐出一连串无力的"不！不！不！"。时间变成了稳定育儿的法宝。使用"延迟反应"或"稍后再谈"的做法，让孩子知道家长"记得"，没有忘记，并在始终坚持，帮助家长和孩子走出混乱和反复无常的状态，获得了一致性和秩序性。

疏离的关系需要联结和归属感

归属感的下降清楚地显示了家庭凝聚力的削弱。儿童和青少年越来越多地沉迷于电脑和手机，成为边缘群体，从事隐蔽活动。那些表现出"在场感"、能够与支持网络建立联系的父母可以成为吸引孩子归属感的源头。家庭关系的更新是我们这一方法和愿景的最显著的特征之一。

上述这些原则是我所期待的愿景的核心内容，但人们总是希望能够把自己的愿景提炼成一个画面，我也一样。虽然这本书的每一章都描述了一个新的角度，但我希望读者们在读完这本书的时候，不仅能总结出一系列的做法，还能在头脑中留下一幅画面，让你想起，作为家长，在这个复杂多变的时代，在面对无数需求和挑战时，是如何保持父母身份的。如果说一幅画胜过千言万语，那么下面这段话所描述的画面就代表了我的尝试。

有漂流的地方需要锚

"家长之锚"表现为坚定的在场感、自我控制、与支持者结盟以及坚定的有边界感的关爱。父母权威的象征不再是举起的拳头、愤怒的面孔、威胁的喊叫或严厉的惩罚，而是有在场感的、稳定的、有联结的锚。

北京市版权局著作权合同登记号：图字 01-2022-1592 号

图书在版编目（CIP）数据

做勇敢的父母/（以）哈伊姆·奥梅尔（Haim Omer）著；（芬）李红燕译. --北京：华夏出版社有限公司，2024.1

书名原文：Courageous Parents: Becoming a Good Anchor for Your Children

ISBN 978-7-5222-0570-0

Ⅰ.①做… Ⅱ.①哈… ②李… Ⅲ.①家庭教育 Ⅳ.①G78

中国国家版本馆 CIP 数据核字（2023）第 201989 号

做勇敢的父母

著　　者	〔以〕哈伊姆·奥梅尔	
译　　者	〔芬〕李红燕	
策划编辑	王凤梅　卢莎莎	
责任编辑	王凤梅　卢莎莎	
责任印制	刘　洋	

出版发行　华夏出版社有限公司

经　　销　新华书店

印　　刷　三河市万龙印装有限公司

装　　订　三河市万龙印装有限公司

版　　次　2024 年 1 月北京第 1 版　2024 年 1 月北京第 1 次印刷

开　　本　710×1000　1/16 开

印　　张　17.5

字　　数　183 千字

定　　价　59.80 元

华夏出版社有限公司　地址：北京市东直门外香河园北里 4 号　邮编：100028

网址：www.hxph.com.cn　电话：（010）64663331（转）

若发现本版图书有印装质量问题，请与我社营销中心联系调换。